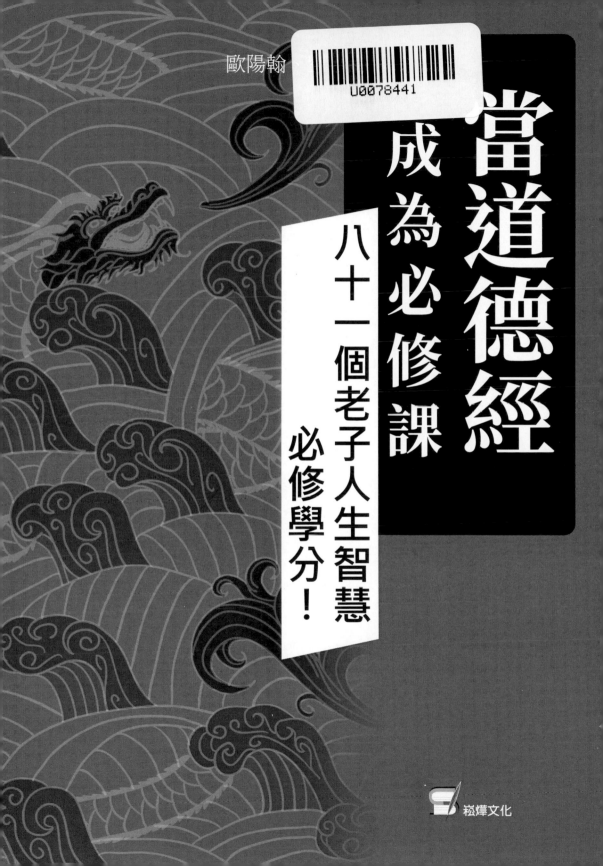

歐陽翰

當道德經

成為必修課

八十一個老子人生智慧

必修學分！

崧燁文化

目錄

序言

用道德經來解決世間問題

老子的《道德經》成書於兩千多年前，世稱《李聃道德經》、《老子道德經》、《老子五千文》等。

《道德經》是東方文化的代表，是中國哲學的主根。短短五千文，卻似一迷宮，玄達數千年，被視為稀世珍寶。研習《道德經》的人，上至帝王將相，下至山野村夫，古今中外，不計其數。至理乎？邪說乎？科學乎？戲言乎？眾說紛紜，莫衷一是。真是「聞道有先後，術業有專攻」矣。

究竟何為道，何為德呢？

道是一種不可言傳的恍惚狀態，先天地萬物而生，乃天下萬物之母也。

道是一種不可名狀的神祕能量，滋養天地萬物。

道是天地萬物必須遵循的規律，支配主宰天地萬物，卻從來都是順其自然而不加干預。

德是大道在天地萬物中的自然表現和流露。

德是人人可以修而得的幸福人生的真正保障。

由此可見，道是自然和宇宙的規律，德是人生和社會的規律。

道是人類的自然觀和世界觀，一定要順應宇宙的客觀條件，合乎自然規律的生存。只有愛護宇宙並且與大自然融為一體，人類才能健康地生存下去。一旦我們破壞了大自然，違背了大自然的規律，那麼我們一定會遭到殘酷的報應和懲罰的，甚至會帶來滅頂之災！

德是人類的人生觀和社會觀，還是要順其自然地與人共處，合乎社會規律地生存。只有返樸歸真地復歸於嬰兒的自然狀態，統治者卑謙若谷，勞動者為而不爭，然後社會才能正常發展。

隨著社會的發展，人們在享受現代文明所帶來的快感時，卻同時不得不忍受著快感背後的負面痛苦。環境汙染，水土流失，生態失衡，氣候惡化……人與自然的矛盾日漸嚴重；精神空虛，缺乏信仰，道德淪喪，惡習流行……人與社會的矛盾與日俱增。此時，人們想到了《道德經》，希望從中找到解決人類面臨的各種問題，醫治人類身心疾病的良方。

　　《道德經》是善人的哲學，可以淨化我們的思想和靈魂，提高我們的道德修養；《道德經》可以開啟我們的智慧，教人如何為人處世；《道德經》有助於我們處理好人與自然、人與社會的關係。

　　另外，《道德經》可以引導廣大年輕讀者深入思考自然、社會和人生，提高其思想道德修養和為人處世能力，對於提高素質教育具有不可替代的意義。

　　時下，「老子熱」已經在世界範圍內流行，《道德經》已經風靡全球。

　　一、在德國，幾乎每個家庭常備有一本德文版《道德經》（據德國媒體報導）。

　　二、在英國，一些年輕男女以學習《道德經》為時尚，印有「無為」、「無名」、「道」、「靜」等字樣的衣服，齊現倫敦街頭。

　　三、在日本，《道德經》成為企業管理者的案頭藏書，用以指導自己企業的經營和管理。

　　四、在美國，一家出版公司竟花費十三萬美元的天價，購得僅有五千字的《道德經》英文版權。美國學者蒲克明說：「《道德經》肯定會成為未來社會家喻戶曉的一部書」。

　　五、在新加坡，《道德經》名句「千里之行，始於足下」隨處可見。

　　本書以漢代河上公的註解為準，大量參照了後代數以百計的註解，分八十一章，與現代社會的實際情況和新問題緊密結合，必修學分，共享其中的玄妙！

第 1 章 遵循自然規律，不斷發展、壯大自己

■ 原文

道，可道，非常道；名，可名，非常名。

無，名天地之始；有，名萬物之母。

故常無，欲以觀其妙；常有，欲以觀其徼。

此兩者，同出而異名，同謂之玄。

玄之又玄，眾妙之門。

■ 譯文

「道」是不可以用言語來描述的，否則，它就一定不是永恆之「道」的真實涵義了；「名」，凡是可以用文字來命名的，就一定不是真正的「名」，真正的「名」是不可以用文字來表述的。

「無」，是天地的元始，是天地創始的根源；天地產生以後就是「有」，就由天地產生萬物並滋養萬物。

所以，從「恆無」去觀察「道」的奧祕；從「恆有」去觀察「道」的範圍。

「恆無」和「恆有」的本源相同而名稱相異，但都是「道」的一種變化。這兩種變化都可以叫做「玄」，「玄之又玄」之「道」，便是一切玄妙生物現象的總的發源地。

■ 必修學分：遵循自然規律，不斷發展、壯大自己

「道」和「德」是老子哲學體系的核心，因此老子開篇明義，首先講「道」。

何謂「道」？

要理解「道」，首先要排斥「神」或「天意」的言論，這是毋庸置疑的。老子所講的「道」並不是道家白日飛昇的理想，他所講的「道」是一種不可言傳的恍惚狀態，是先天地而生，天下萬物的生母；是一種不可名狀的力量，滋養天地萬物；它是天地萬物必須遵循的規律，支配天地萬物，卻從來都順其自然而不加以干涉。

由此可知，老子所講的「道」，指的就是宇宙和自然的規律，也可以稱作是我們人類的自然觀和世界觀。對於我們人類而言，只有認識這些規律，順從而不違背這些規律，適應這些規律，利用這些規律，才能不斷發展、壯大自己。

其實，對於宇宙和自然的規律，我們人類並不陌生，它是人類成長的發源地，從猴子—猿人—直立行走—高智慧的人，人類在這些規律中前行了幾百萬年，如果說，人類正是借助各種宇宙和自然的規律，而最終使自身獲得脫離低等動物的偉大成就，應該不是誇張之辭。

規律要順從而不是違背，可是縱觀我們人類的昨天和今天，在人類對於萬物的認識中，對規律的作用和性質還是沒有足夠的認識。許多人只知孜孜追求名利，去實現各種欲望，對宇宙和自然的規律簡直是不屑一顧，做了許多違背規律的事情。

違背規律自然會受到懲罰，在我們身邊大到環境汙染，水土流失、氣候惡化……小到一個人精神空虛、道德淪喪、惡習流行……這些終是人類的自取滅亡。認識宇宙和自然的規律是我們每一個人都必須努力去做的事情，這也正是老子所講的「道」給我們的最大啟示。

在這第一章中，老子以非常簡潔、明快的筆觸，提醒我們認識「道」所必須注意的問題：「道，可道，非常道；名，可名，非常名。」這是告訴我們，宇宙和自然的大道是普遍無限和絕對永恆的，是難以描述的。難以描述，是因為我們人類思維、語言是具有極大局限的、是片面的。由此我們應該知道，不管你對「道」的認識如何，都是局限的，所以，不應停留在原地而不思進取。要想不斷發展和壯大自己，必須不斷地加以認識，這才是認識「道」的正確方法。

　　我們一旦真正認識了這「道」深邃難測、微妙難識的本質，也就打開了認識世界萬物的根源和運動、發展、進化的奧祕，也就找到了我們立身處世的原理，我們便會在這宇宙和自然的大道中不斷完善和發展自己。

斷章取義：

　　「道」可以說是《道德經》的根本核心，「道」字從「首」從「辶」，「首」是我們的頭腦，「辶」是行走的意思。所謂頭腦在行走，就是說我們運用自己的思維去思考人生、世界和宇宙這一過程就是「道」。這種我們透過思考所得到的認識也應該是「道」，這種認識可以說是某種規律。所以老子這裡所謂的「道」就是指宇宙和自然的規律，也可以稱作是人類的宇宙觀或自然觀、世界觀。

　　規律需要順從而不是違背。違背規律往往適得其反、事與願違，甚至會引來滅頂之災；反之，順從規律則會一帆風順、不斷發展不斷壯大，永遠幸福地生活。

第 2 章 樹立正確的價值觀

■ 原文

天下皆知美之為美，斯惡已；皆知善之為善，斯不善已。

故有無相生，難易相成，長短相形，高下相傾，音聲相和，前後相隨。

是以聖人處無為之事，行不言之教，萬物作焉而不辭。

生而不有，為而不恃，功成而弗居。

夫唯弗居，是以不去。

■ 譯文

天下人都知道美之所以為美，也就必然同時知道什麼是醜惡了；知道善之所以為善，也就必然知道什麼是不善了。

所以，有與無彼此相生，難與易互相成就，長與短互相對比，高與低互相映襯，聲與啞互相附和，前與後互相追隨，這是永恆普遍之理。

所以，有智慧的聖人用「無為」來處理世事，實行「不言」的教導，讓萬物自然地產生，而不去人為地創造。

生養萬物而不占有，助長萬物而不自恃，功業成就而不據為己有。

正是因為有了功，而不自恃、不占有，所以他的功績也就不會失去。

■ 必修學分：樹立正確的價值觀

要認識宇宙、自然之道的奧祕，我們人類使用了許多概念與名相。對於此，老莊研究學者蔣錫昌在《老子校詁》中做了詳細的解釋：「無名時期以前，本無一切名，故無所謂美與善，亦無所謂惡與善。迨有人類而後有名，有名則對待；既有美與善之名，即有惡與不善之名。人類歷史越久，則相涉之事越雜；相涉之事越雜，則對待之名就越亂。自此以往，天下遂紛紛擾擾，而迄無清靜平安之日矣。」

老子在本章講的正是這個意思。那又該如何解決這些矛盾呢？老子告訴我們，應該學習聖人，聖人即是明白「道」之要義的人，聖人會採取「無為」和「不言」的態度來對待世上的一切，這就叫做順其自然。

認識宇宙和自然的規律是必須的，給予概念與名相是無法避免的，那我們又該如何做到順其自然呢？

這就要求我們樹立正確的價值觀。

一個有正確的價值觀的人，必然是一個有著自我制約機能的人，同時他也知道自己最需要的是什麼，不需要的是什麼。一個有了正確的價值觀的人，在他認識自然規律、按規律去辦事時，即使他因有概念和名相而有了美與醜、善與惡的分別，但他也懂得努力去追求美與善，而盡可能拋棄醜與惡，這樣就自然而然地避免了貪婪，做到一切順其自然了。

唐懿宗時，由於他的荒淫奢靡，世風日下，官吏貪贓枉法極為猖獗。當時有個叫楊收的就是個貪婪成性的奸詐之人，他用聯合兩家宗族的手段，巴結上了當時宦官左神策軍中衛楊玄價，當上了宰相。在他當權期間，曾經「收錢百萬」，就連他的門吏僮僕也狗仗人勢，巧取豪奪。他的女兒嫁給尚書右丞裴坦的兒子時，帶了很多嫁妝，器皿用具都用犀牛角和玉石裝飾著。裴坦是個廉潔奉公、嚴以律己、不與不正之風同流合汙的人，他有著遠見卓識、高風亮節，一看到兒媳婦陪嫁的財物如此豐盛，用具如此奢侈，不但不高興，反而怒氣沖沖地說：「這些東西將來必定會毀滅我的家。」於是下令把它們全都銷毀了。不久，楊收這個鼠目寸光、放縱貪婪的小人終因受賄事發，被貶為端州司馬，後來又被流放到荒遠的驩州，途中被賜死。

可見，裴坦頭腦清醒，不追逐奢靡之風，不貪圖非分之財，這種品格是值得讚賞的。而楊收以權謀私，貪贓枉法，最後落到可悲的下場，是值得我們引以為戒的。

斷章取義：

一個人樹立了正確的價值觀，他自然就會像裴坦一樣，不會產生過多的私欲，他會一切順其自然而不強求。一個有了正確價值觀的人，他還會如老

子所說：「夫唯弗居，是以不去。」即便他有了成就，他也不會自恃、占有，所以他的成就就永遠不會失去。不強求、不占有，這就是立身處世的智慧。

第 3 章 解除貪婪的枷鎖

■ 原文

不尚賢，使民不爭；不貴難得之貨，使民不為盜；不見可欲，使心不亂。

是以聖人之治，虛其心，實其腹；弱其志，強其骨。

常使民無知無欲，使夫知者不敢為也。

為無為，則無不治。

■ 譯文

不崇尚、器重賢能的能力，會使人民沒有爭當賢能的欲望；不以難得稀有的財貨為貴，會使人民不產生偷盜和搶劫的欲望；不用能夠引起衝動的事引誘人民，人民的心就不會亂。

因此，聖哲者治理政事所採取的方法是：

使人民清心寡欲，滿足民眾的溫飽。

永遠使人民的意識保持在無知識、無欲望的狀態，即使有少數有才智的人明白如何去爭名奪利、滿足私欲，他們也不敢真的去做了。

如果能夠這樣「無為」地去實踐，那麼天下也就沒有不長治久安的了。

■ 必修學分：解除貪婪的枷鎖

本章是接續上章「處無為之事，行不言之教」的論述，是對上章餘意的進一步發揮。

「道法自然」、「道常無為」，只有遵循自然大道才能永恆、長久。在此，對於統治者，老子主張：「不尚賢，使民不爭；不貴難得之貨，使民不為盜；不見可欲，使民心不亂。」這是老子提出的安民政策，接著又對統治者提出了具體的辦法：「虛其心，實其腹；弱其志，強其骨。常使民無知無欲，使夫知者不敢為也。」許多人認為老子「常使民無知無欲」的主張是愚民思想，

其實不然，事實上，老子並不主張去除人的正常欲望，他目的是使社會安定、人民安居樂業，他實際是主張「少私欲，視素保樸」。這一主張對我們的立身處世也有重大的指導意義。

人都有欲望，貧窮的人想變得富有，低賤的人想變得富貴，默默無聞的人想變得舉世聞名，沒有受過讚譽的人想得到榮譽，這是無可非議的，但問題在於欲望和能力之間是必須成正比的。修身養性的一個重要內容，就是尋求欲望與能力之間的和諧。在欲望和能力之間發生嚴重不協調時，或者抑制欲望的膨脹，或者增加自己的能力。世界上，美好的東西實在不勝枚舉，我們總是希望得到盡可能多的東西，其實欲望太多，反而會成了累贅，還有什麼比擁有淡泊的心胸，更能讓自己充實滿足呢？選擇淡泊，拋棄貪婪吧。

清朝乾隆、嘉慶年間，遼陽城裡出了一位才子，名叫王爾烈，他從小就很會詩文，書法也寫得很好，非常聰明，才資出眾，長大做官以後，清廉不貪，有雙肩明月、兩袖清風之譽。有一次，王爾烈從江南主考回來，恰逢嘉慶皇帝登基繼位，皇帝召見他說：「老愛卿家境如何？」王爾烈回答：「幾畝薄田，一望春風一望雨；數間草房，半倉農器半倉書。」嘉慶說：「老愛卿為官清廉，我是知道的，朕現在派你去安徽銅山鑄錢，你去上幾年，光景就會不錯了。」王爾烈到了銅山鑄錢，因為那裡有座清朝御製通寶的鑄錢爐。他在那裡工作了三年，又奉詔回到京城，嘉慶召王爾烈上殿，問：「老愛卿，這一回可以安度餘年了吧？」言外之意是，這一回從錢堆裡爬出來，該有不少「收穫」吧！王爾烈聽了以後，笑了笑：「臣依然是兩袖清風，一無所存。」嘉慶說：「不會吧，你再查查看！」王爾烈只好又回手一掏，從袖套裡掏出三個銅錢來，只見一個個磨得雪亮，原來是鑄錢時用的模子。嘉慶皇帝見王爾烈如此清廉，十分感動地說：「卿真可謂老實！」

王爾烈並不富有，而且可以說是清貧得很，可他過得充實滿足。但生活中的許多人都並不如此，他們有太多的追求。著名作家林清玄曾在文章中講過這樣一個故事，自己一位朋友的親戚他姑姑從來沒穿過合腳的鞋子，她常穿著巨大的鞋子走來走去。晚輩如果問她，她就會說：「大小鞋都是一樣的價錢，為什麼不買大的呢？」

　　許多人不斷地追求巨大，其實只是被內在的貪欲推動著，就好像買了特大號的鞋子，卻忘了不合自己的腳一樣。不管買什麼鞋子，合腳最重要，不管追求什麼，總要適可而止。

斷章取義：

　　現在許多人似乎覺得只有錢財才能帶給自己安全感，所以瘋狂聚斂錢財，這種人把錢財看得比性命還寶貴，為了錢，什麼事情都敢做，投機行險，貪贓枉法，徇私舞弊，怠忽職守，那麼等待他的，也將是法律的嚴懲。

第 4 章 如何解決生活中的矛盾和紛爭

■ 原文

道沖，而用之或不盈。

淵兮似萬物之宗。

挫其銳，解其紛，和其光，同其塵。

湛兮似若存。

吾不知誰之子，象帝之先。

■ 譯文

「道」是虛空的，而它的作用卻無窮無盡。

它是多麼深邃似海、淵遠無限啊，就好像是萬物的源泉。

它又是多麼地幽隱清湛啊，似幻而實最真，似虛而實永存。

挫掉鋒芒，消除糾紛，含斂光耀，混目塵世。

我不知道它以什麼為源泉，似乎有天帝以前就是它了。

■ 必修學分：如何解決生活中的矛盾和紛爭

人生在世，難免會與別人發生矛盾，引起紛爭。產生紛爭的根源，主要是人的私欲。當一個人對於別人對自己的態度、給自己的報酬等感到不滿，覺得自己受了委屈和不公平，而這種不公平又超出了他願意承受的範圍時，就會與人發生爭吵，產生紛爭。

那如何才能解決生活中的矛盾和紛爭呢？

這就要求我們順從大道、效法大道，做到「挫其銳，解其紛，和其光，同其塵。」一個人能做到如此——挫掉鋒芒，消除糾紛，含斂光耀，混同塵世，自然沒有了私欲，就不會與人發生紛爭。萬一發生了，別人大吵大鬧，罵不

絕口，你也能處之泰然，不與之爭鬥。俗話說「一個巴掌拍不響」，一個人罵不還口，別人罵得也沒意思，鬧得也沒勁，也就不罵了，這樣紛爭就自然解決了。

有這樣一則寓言故事：

古希臘神話中，有一位大英雄叫海克力士。一天，他走在坎坷不平的山路上，發現腳邊有個袋子似的東西很礙腳，海克力上踩了那東西一腳，誰知那東西不但沒被踩破，反而膨脹起來；拿起一根碗口粗的木棒砸它，那東西竟然長大到把路堵死了。

正在這時，山中走出一位聖人，對海克力士說：「朋友，快別動它，忘了它，離開它遠去吧！它叫仇恨袋，你不犯它，它便小如當初，你侵犯它，它就會膨脹起來，擋住你的路，與你敵對到底！」

對於矛盾和紛爭，你越氣憤，越回擊，你那仇恨的袋子就越膨脹，你與別人之間就越多了一分阻礙；反之，你控制自己，效法大道，寬容地面對一切，你自然沒有了仇恨和紛爭，並因此獲益良多。

斷章取義：

人生在世，多一敵不如多一友，什麼都爭強好勝，只會使自己變得很孤立。所以我們在處理糾紛時，應該做到能忍則忍，正所謂「忍一時風平浪靜，退一步海闊天空」。

第 5 章 沉默是金，寡言是福

■ 原文

天地不仁，以萬物為芻狗；聖人不仁，以百姓為芻狗。

天地之間，其猶橐籥乎？虛而不屈，動而愈出。

多言數窮，不如守中。

■ 譯文

天地不存在仁與非仁的意識，把萬物當作祭祀時用芻草紮的狗。

聖人效法天地，收斂了自己仁與非仁的意識，把百姓當成這種芻草紮的狗。

天地之間，豈不正像是冶煉時用來鼓風吹火的風箱嗎？中間空虛，越是鼓動，氣流越充沛、用之不竭。

言多必失易招禍端，不如守中。（如風箱一樣，用時鼓動成風，停時緘默不語）

■ 必修學分：沉默是金，寡言是福

說話多了，人就會智窮辭窮，不如守住心中想法不說。有時候什麼也不說，更有力量，因為沉默時讓人覺得充滿暗示。

維根斯坦說：「凡是可以說的，就能明白地說；凡是不可以說的，對他就必須沉默。」沉默豐富了我們言說的內容，也豐富了我們言說的技巧。

《紅樓夢》裡，林黛玉離開賈府，回老家揚州弔父，再回賈府時，寶玉與黛玉一見面，彼此無多話，只是人哭我哭；彼此問候而已，完全是沉默。

寶玉與黛玉這次見面為什麼會如此沉默？因為別後重逢，他們要說的話太多了，所以乾脆什麼也不說。

沉默在此成全了他們的情意，如果任何一方涉及敏感話題，都只會打破完美。寶黛二人冰雪聰明，當然是什麼也沒說。

老子指出：「多言數窮」。

當他說「多言數窮」的同時，也就是在說「無言數豐」。

老子主張「無為」，所以也主張「無言」。

「無言」不是什麼也不說，而是「我正在說」。

之所以「無言」看起來沒有話，是讓話在肚子裡自己與自己對話，或借助於身體語言暗示。「沒有話」時，人全身都在說話，眼神、嘴唇，甚至拿杯子的動作，走路的姿勢，全都在做明確的言說。

粗心的人一見別人不說話就問，細心的人會從對方的無言中解讀對方的語言、態度、觀點，與暗示、指示。

《西遊記》上菩提祖師手持戒尺在孫悟空頭上打了三下，孫悟空就明白了是讓他三更時分進去傳道。

現在我們要像孫悟空一樣玲瓏剔透還很難，但我們至少應該懂得別人不說話是什麼意思。「多言數窮」，就是說話多了，會讓自己智窮辭窮。

我們可以常常看到一些人喜歡喋喋不休，實際上他自己也知道沒有效果，所說的不會實現。所以當有人特別話多時，可以讓他說個夠，以冷場來對付他。這種人只要你一開口他就來勁，說天說地，不知所云，讓人頭暈。這時我們或者強行打斷他，逼問他「你究竟在說什麼？」或直接說：「你能否把你的觀點用一句話說清楚？」或者沉默，乃至離去，讓他自己無趣，自願閉上嘴巴。你看，多言的人多討厭，我們自己千萬不要做這種讓人討厭的人。

有個饒舌者在亞里斯多德面前，喋喋不休地談論，然後問亞里斯多德是否煩得要死？亞里斯多德回答說：「不是那麼一回事，因為我根本就沒聽你在說些什麼。」

另外，在必須徹底表達自己全部意思的時候，我們就必須多說、說透，諸葛亮「舌戰群儒」，應對那麼多人的刁難，話不多是不行的，當然，話多的前提是說話精闢。

當我們自己感覺說話時快不行了，說不出什麼有意思的話時，就應該打住，或讓言語簡潔一些，以免漏洞百出，活生生當了別人的話靶子，讓人肆意攻擊。有人老是在心中憤憤不平：「他們為什麼老是攻擊我？」這總是事出有因，一定是自己在什麼場合，說過什麼足以讓人攻擊的話。

話可以用來和解，也可以用來殺人。《三國演義》裡諸葛亮罵死王朗，孔子也曾對子路說：「上士殺人用筆端，中士殺人用語言，下士殺人用石盤。」一句要命的話確實可以致死，所以，人們要避免說多話、說錯話。

多言的結果往往會是凶險。你說贏了別人意義也不大，弄不好會把對方逼急，做出什麼暴力行為。很多人說話滔滔不絕，天下公理都被他說盡了，殊不知，在他最得意時往往會被迎頭一擊。

人不能陶醉於自身，至少要一邊說話一邊看人，不要自顧自抒情、演說，那樣會弄得自己不好收場。

老子說「多言數窮」，一個「窮」字道出了話多之人的窘迫。話越多越窘迫。何必自己逼自己，所以，大部分時候多言是不必要的。多言必多心，多言必多事。

斷章取義：

只有平時不多言，才能在該多言時多發言。像秉燭夜談、長亭話別，這些都是應該盡興說話的時候。但如果平時把話說盡了，該說的時候忽然啞了聲，那也是大殺風景的。所以，人在平時一定不可多言。

第 6 章 立身應以孝為先

■ 原文

谷神不死，是謂玄牝。

玄牝之門，是謂天地根。

綿綿若存，用之不勤。

■ 譯文

大道虛空而變幻莫測，它是博大無邊、無所不能、永恆不滅的，它不僅深遠無限，而且更是崇高偉大的母性。

天地萬物從它那裡誕生，所以說它是天地萬物的根源。

浩瀚無際的萬物，彷彿早已存在於這崇高偉大的母親的懷抱之中，從中獲取源源不斷的生命和享用不盡的養料。

■ 必修學分：立身應以孝為先

「道」具有偉大而崇高的母性，天地萬物從它那裡誕生，並從它那裡獲取源源不斷的生命和享用不盡的養料。

它養育卻不占有，給予卻不自恃有功。這種奉獻而不索取的品質，恰似一位母親。母親了解自己的孩子，可又有幾個孩子真正了解母親。一位名叫冷子的作家曾寫過一本名為《領悟》的書，其中有一篇寫道：

從懵懂孩童到為人師表，我讀過一些書，但印象最深的，是一本屬於母親的書。

母親一輩子面朝黃土背朝天，一個大字不識，她的書放在農閒時與她作伴的針線筐裡，當然這書是不允許我亂翻的。

我第一次看這書，還在讀國中。一個晚上，明亮而溫暖的油燈下，母親靜靜地坐在床頭，納著鞋底，針線筐靜靜守在旁邊，只有鞋繩吱吱聲和母親

的呼吸聲交織著，牆上靜映著一幅畫——「跳躍的火焰下，一位母親低著頭納著鞋底，她的孩子坐在床上看著」——一幅渾然天成的黑白剪影。我悄悄地望著那本書，那本令我好奇神往的書，母親似乎明白了我的心思，在含著笑意的目光下，我打開了它，這是一本紙張都發黃了的雜誌，裡邊依次夾著大大小小的鞋底鞋幫的紙樣。母親指著說：「這虎頭鞋，是你過週歲時穿的；這是你三歲時穿的；這是你八歲上小學時穿的；這是你十三歲上國中穿的……」望著一個比一個大的鞋樣，我感到一驚。母親關心和珍藏的是我成長的足跡啊！

最使我震撼的，在一個寒假中，我回到離別很久的老家，白髮蒼蒼的母親坐在門口，晒著太陽，身邊還是那個跟隨她大半輩子的發黑發亮的針線筐。她在翻那本書，端詳著一張一張鞋樣，那樣專注，那樣執著……

我眼睛濕潤了，母親是在看兒子成長的足跡，還是看兒子所走過的路？鞋樣到我二十三歲時就沒有了，布鞋已很少有人穿了，我的腳到那個時候也差不多定型了，我的一切是否也都停滯了呢？

年邁的母親，閒暇就讀那本屬於她自己的書——記載她的兒子從小到大的成長的足跡，你在想什麼呢？我樸素的媽媽。

你的書，我能讀懂嗎？

母親的書，有幾個孩子能真正讀懂？年少時懵懂無知，自不去理會；到自己長大後，又說太忙，無暇顧及。最後，到自己失去了才後悔。

老子說「道」，我們這裡藉本章來引起自己的思考，問一問自己是否能讀懂母親的那本書。而後，謹記一句：立身應以孝為先。

斷章取義：

人們常常將大地比喻母親，母親對自己的孩子可以說是無限的包容。因為包容，地更廣博；因為包容，母親更偉大。母愛深深讓人為之動情，在你動情之時，千萬別忘了對母親說一句：「媽媽，我也愛你。」

第 7 章 心底無私天地寬

■ 原文

天地長久。

天地所以能長且久者，以其不自生，故能長生。

是以聖人後其身，而身先；外其身，而身存。

非以其無私邪？故能成其私。

■ 譯文

天地永恆而長久。

天地之所以能夠永恆長久，是因為它們不是為了自己而生。

所以，聖人把自己置於人後，反而能居於人前；外忘己身不顧自己，反而能夠身存天下。這豈不正是由於它能大公無私，讓別人得到了好處嗎？所以反而成就了自己的大私。

■ 必修學分：心底無私天地寬

老子在本章提出無私的精神。

天地不是為了自己而生，所以能夠永恆長久，而對於我們人類，什麼樣的人能夠擁有老子所說的無私精神？老子提到了以聖人為榜樣，聖人亦即得「道」的人，聖人把自己置於人後，外忘己身而不顧自己，正是這樣的無私，從而成就了自己的大私，讓自己位居人前，能夠身存於天下。

由此可知，一個人活在世上，不能只關注自己。一個只關注自己的人，是自私的，這樣的人最終會被別人所不齒；反之，你忘卻自己而去關注別人，你就能因此而成功、生命長存。中國著名教育家、歷史學家翦伯贊就是一個心底無私，外忘自己而關注他人的人。

有一句話經常掛在翦伯贊的嘴邊，那就是「學生是國家的未來，是國家的希望，是未來的接班人。我們應當熱愛他們，關心他們，既做他們的老師，也要做他們的朋友」。翦伯贊是這樣說的，也是這樣做的。他是北京大學接待學生來訪人數最多的系主任之一，而且他還經常參加學生們舉辦的團體活動。

　　據一位歷史系學生回憶，有一次，他去請翦伯贊參加除夕師生會餐，當翦老得知這位同學是老鄉又是學習考古的，便熱情地說道：「學習考古好哇！學考古可以解決重要的歷史問題。比如古代史分期問題，討論好久了，單憑文獻上那麼幾句話，辯來辯去還是搞不清，我看最後要靠考古研究來解決問題。原始社會史離開考古，發現根本就無法講。再說中華民族並不都是炎黃子孫，漢族的組成很不單純，漢族以外還有很多少數民族，我就是維吾爾族人。少數民族對中國歷史有很多貢獻，古文獻中很少記載，只有依靠考古發現才能說得清楚。」翦伯贊的一番教誨，使這位同學深為感動，留下了極深的印象。

　　在與同學們的交往中，翦伯贊還注意幫助同學們認清學習和研究歷史的目的和意義，幫助大家掌握正確的學習歷史和研究歷史的方法。他多次勉勵同學說：「你們學習歷史，既要學會使用顯微鏡，又要學會使用望遠鏡。前者培養仔細工夫，使你們認識歷史事實，洞察細微；後者訓練遠大眼光，使你們縱覽全局，把握要害。所以兩者必須結合使用，缺一不可。」翦伯贊的一席語，使同學們茅塞頓開，纏繞在眼前的歷史迷霧一下子變得晴朗起來。

　　在翦伯贊的思想裡，他始終認為，年輕一代在歷史科學方面所能取得的成就，將大大地超過老一代人。始終以發展的眼光看待青年學子，表現出了一代著名教育家、歷史學家的博大胸懷，這種胸懷不僅是一種品德，也是一種氣度，是一種大家風範。

　　現實生活中，有這種氣度的人不多，因為人總是有些私心的。這種私心嚴重了的時候，就是一種缺點，叫做「自私」。

雖然我們不能說人性是自私的，但我們卻不得不承認，一個人的一生絕大多數時間都是在為自己謀劃，絕大多數時間都是在為自己奔忙，所以我們可以說人性是自利的。

人性中這種自利的特徵，在遇到利益衝突的時候，極容易演化為自私。這是世界上種種利益爭執不斷的主要原因，這就是世界上存在著世態炎涼的根本原因。

當你覺得自己很軟弱，需要別人幫助，而別人沒有幫助你的時候；當你栽了跟頭，需要別人安慰，而別人沒有安慰你的時候；當你感覺世態炎涼的時候，你是否想過放棄自私是一種品德呢？是否想過，這個社會更需要愛心呢？

斷章取義：

學會做一個心底無私的人，就像翦伯贊先生一樣，你會因自己的無私而得到別人的景仰，或許還會得到許多意外的收穫。

第8章 讓自己具備水一樣的德行

■ 原文

上善若水。

水善利萬物，而不爭；處眾人之所惡，故幾於道。

居善地，心善淵，與善仁，言善信，正善治，事善能，動善時。

夫唯不爭，故無尤。

■ 譯文

天地間至高至極的善，可以用水來形容。

水具有滋潤萬物的不變本性，而與萬物毫無利害衝突；水具有寬廣的胸懷，甘居眾人所厭惡的卑下、垢濁的地方。所以，水之善接近於「道」了。

善於自處而甘居下地，心靈沉靜有如深淵，施恩於物以仁而行，出言必然守信，以正謀求清平，做事能方能圓，行動善擇時機。

正是由於不與人爭，所以永遠也不會有什麼過失。

■ 必修學分：讓自己具備水一樣的德行

最上等的德行莫過於水的德行。

老子在本章提出了水的性格、品德和行為，指出水具有滋潤萬物的本性，卻與萬物毫無利害衝突，水具有寬廣的胸懷，毫無所求，甘居眾人厭惡的卑下、垢濁之地。水的德行是接近於「道」的了。

接著，老子更詳細地指出了人應效法水展現的德行：

（一）「居善地」，應效法水甘居卑下的地位。

俗話說：「人往高處走，水往低處流。」水流善下而不居於高處，我們人類的立身處世也應如此，要時刻讓自己保持謙虛卑下的態度。有了功勛卻不占據，不與人爭，不自以為是，不恃才傲物、目空一切。

在中國歷史上，因恃才傲物，自以為是，而招殺身之禍者比比皆是。在現代社會裡，顯露自己自不會招來殺身之災，但嫉妒的社會心理仍然存在，遭到非議、責難是完全可能的。因此，我們要考慮社會生活的複雜性，時刻要注意為人處世的態度和方法。

中國著名的作家、評論家楊晦先生曾說：「上智者必不自智」。最聰明的人不自以為聰明，這就是水的德行，是立身處世的大境界。

（二）「心善淵」，應效法水沉靜沒有物欲。

老子是建議人類恢復自己心靈的透澈明淨，拋棄眾多物欲的束縛。這一點對於我們今人的立身處世也同樣具有重大的指導意義。老子並不是主張要完全沒有一點物欲，是說要限制自己的物欲，不貪圖，不強求。這其中還包括一種不問收穫只知耕耘的精神，這是我們需要效仿和牢記的。

（三）「與善仁」，應效法水以仁愛普施於人。

水潤澤萬物，而不奢求得到回報，水因此而成就了自己的偉大。做人也是一樣，你真心地關心別人、幫助別人，但不奢求別人的任何回報，你真心付出了，別人會知道，他自會真心對你。這也正是我們常說的「我為人人，人人為我」。

（四）「言善信」，應效法水值得信任。

水自高而下擁有規律，潮漲潮落如期而至，這就是信。人是社會中的人，人離不開交往，交往離不開信用，「小信成則大信也」，無論是治國持家還是做生意，講信用在其中必不可少。一個講信用的人，能夠前後一致，言行一致，表裡如一，人們可以根據他的言論去判斷他的行為，進行正常的交往。你無法對一個不講信用，前後矛盾，言行不一的人判斷他的行為動向。對於這種人，是無法進行正常交往的，更沒有什麼魅力而言。守信是取信於人的第一方法。

（五）「正善治」，應效法水的平正而善於約束自己。

水性平正而善於約束甚至委屈自己，這是水不同於其它物質的重要表現之一。就我們的觀察能力而言，水實在是善於約束和委屈自己的最佳物質，當它們散落於四方的時候，被地球上所有生命利用而毫不吝惜；而當它們匯聚起來之後，雖然具有了排山倒海之勢，卻仍然沿著固定的道路而行走，對任何生命都不構成威脅，除非這些生命是一些喜歡在水裡找樂子的玩水的人。連結到具體人事，老子希望人們能夠效法水的品質，以正當或正常的方式約束和調整自己來適應所有的生活，而不迫使生活來適應自己。

（六）「事善能」，應效法水具有柔弱的形體，能方能圓，無所不及。

這裡是藉水的本性，來告誡我們，凡事要竭盡全力，講究做事的方法。只有「方」，少權變常碰壁，一事難成；只知「圓」，多機巧，卻是沒有主見的牆頭草。「方圓有致」才是智慧與通達的成功之道。

（七）「動善時」，應效法水行動之時善於把握時機。

河上公註：「夏散冬凝，應期而動，不失天時。」可見水是非常典型隨自然而變的物質。我們在做任何事時都應考慮時機，順其自然。條件不成熟時不勉強去做，條件成熟時順其自然去做，多分析，正確把握周圍的環境與條件，將更有利於我們的成功。

斷章取義：

老子愛水，孔聖人亦愛水，孔子說：「智者樂水，仁者樂山」、「逝者如斯夫，不舍晝夜」。水柔靜，處下，不爭，善利萬物，默默無聞地奉獻，的確成為我們立身處世的典範，也難怪老子會提出那振聾發聵的不朽名言：「夫唯不爭，故無尤。」只有奉獻不爭，才能沒有過失，這是那麼的深刻，那麼的言意無窮，值得每一個人去思考、去踐行。

第 9 章 急流勇退是自然之道

■ 原文

持而盈之，不如其已；揣而銳之，不可長保。

金玉滿堂，莫之能守；富貴而驕，自遺其咎。

功成名遂身退，天之道。

■ 譯文

把東西裝得更滿些，還不如適時而止。

以鍛打而使鐵器尖銳，不可以讓銳勢保持長久。

金銀珠玉堆滿屋堂，沒有人能長久保守。

富貴而驕傲，會為自己招來災禍。

功成而身退，這才符合自然之道。

■ 必修學分：急流勇退是自然之道

老子說：「持而盈之，不如其已；揣而銳之，不可長保；金玉滿堂，莫之能守；富貴而驕，自遺其咎。功成名遂身退，天之道。」它的意思是：始終保持豐盈的狀態，不若停止它；不停地磨利鋒芒，欲使之光銳，卻難保其鋒永久銳利；滿屋的金銀珠玉，很難永恆地守護住它；人富貴了就會產生驕奢淫逸的心理，反而容易犯錯誤；功成名就則應隱退，此乃天理。

它提醒人們功成名就、官顯位赫之後，人事會停滯，人心會倦怠，業績也不會進展。應立即辭去高位，退而賦閒。否則，說不定會因芝麻小事而被問罪，遭到晚節不保的厄運。據《史記》記載：

戰國時代的范雎本是魏國人，後到秦國。因向秦昭王獻遠交近攻的策略，深得昭王賞識，被升為宰相。後因他所推薦的鄭安平與趙國作戰失敗，而使他意志消沉。按秦國法律，只要被推薦人出了紕漏，推薦者也要受連坐處分。

但昭王並沒問罪范雎，這使他心情更為沉重。秦昭王為刺激范雎再振作起來，為國效力，對范雎嘆氣道：「現在內無良相，外無勇將，秦國的前途實在令人焦慮呀！」可范雎心中另有所想，因而誤會了秦王的意思，感到非常恐懼。

恰在此時，蔡澤辯士來拜訪他，對他說道：「四季的變化是周而復始的。春天完成了滋生萬物的任務後，就讓位給夏；夏天結束養育萬物的責任後，就讓位予秋；秋天完成成熟的任務後，就讓位予冬；冬把萬物收藏起來又讓位給春天……這便是四季的循環法則。如今你的地位，在一人之下，萬人之上，日子已久，恐有不測，而應讓位他人，才是明哲保身之道。」

一席話啟發了范雎，便立刻引退，並且推薦蔡澤繼任宰相。蔡澤就職後，也為秦國的強大做出了重要貢獻。但當他聽到有人責難他後，也明智地捨棄了宰相寶座而做了范雎第二，保全了自己的晚節，也表現出大公無私的精神風貌。

斷章取義：

凡有高尚氣節的君子，都不會一味地貪圖富貴安逸，在適當時機，都能主動退出舞台，為後來者提供其大展宏圖的餘地。

第 10 章 保持身心平衡，才能無憂無慮

■ 原文

載營魄抱一，能無離？

專氣致柔，能嬰兒？

滌除玄覽，能無疵？

愛民治國，能無知？

天門開闔，能無雌？

明白四達，能無知？

生之畜之，生而不有，為而不恃，長而不宰，是謂玄德。

■ 譯文

靈魂與形體合二為一，能永不分離嗎？

聚集精氣而達柔和，能像嬰兒一樣嗎？

清除雜欲而觀照心鏡，能沒有紕漏出現嗎？

愛護人民而治理國家，能做到「無為」嗎？

感覺器官而開合之，能做到柔靜如雌嗎？

內心明白而四通八達，能表現得如同一無所知嗎？

生長萬物，蓄養萬物，生長而不占有，蓄養而自恃有功，統率而不自以為是主宰，這就是最高深的修養了。

■ 必修學分：保持身心平衡，才能無憂無慮

本章主要探討的是人的身體和心靈。

我們人類是有思維和意識的高等動物，正是因為會思考，所以我們做任何事情都要先思考，用我們自己的判斷和理解去實行。正如前面所說，我們人類的認識是有局限的，因而時常違背自然的規律，辦了錯事，從而造成痛苦和災難。所以常有「力不從心，心不從力」之言。

我們的精神往往會想像許多我們肉體無法承受的事情，結果卻實現不了，自然會造成痛苦和災難。就是說心理與生理不平衡了，就會造成疾病和障礙。

哈佛大學教務長勃里格是許多人最敬愛的人。可是據為他寫傳記的作者說，從來沒有人像他那樣，因為心裡過於緊張而受苦。每天終了，他要為已做的或沒有做的事而痛楚。因為工作太多，他就高高地懸浮在這些事的上層，心中不免煩躁，因此常常會和他人鬧翻。有許多無關緊要的芝麻綠豆小事，往往把他弄得精疲力盡。每天黃昏，原本可以停下來休息一會兒的，可是他卻仍在折磨自己。假使他覺得對某一個新生責罰太重了，就會整夜都睡不好。假使他竟一時想不起舊生的姓名，晚上就會吃不下飯。原來一個完美、機靈、可愛的人，因為受惡鬼的捉弄，把後半生的生活都破壞了。

心理與身體不平衡造成的危害是巨大的，但這一點往往不被我們所重視，生活中，我們往往只關注身體而忽視了心理。

科學的健康觀認為，健康所包含的生理和心理兩方面的內容，是密切聯繫不可切割的，生理方面和心理方面相互依存、相互作用、相互轉化、共處於一個整體中。例如，健康的生理可以促使心理上的疾病痊癒，相反的，不良的心理狀態，又會影響生理的健康，如一個身患病症但樂觀向上的人，比起悲觀失望的人，其生理上的疾患要好得快，就是這個道理。

斷章取義：

嬰兒從來就無憂無慮，想吃就吃，想喝就喝，吃喝拉撒全是本性，沒有任何人為的因素，所以嬰兒沒有煩惱，這也正是由於他的心理與生理保持了平衡。因此，我們要想生活得無憂無慮，就需要保持身心平衡，順其自然，在這一點上，無知的嬰兒是我們學習的榜樣。

第 11 章 擁有的時候，保持虛無的態度

■ 原文

三十幅共一轂，當其無，有車之用。

埏埴以為器，當其無，有器之用。

鑿戶牖以為室，當其無，有室之用。

故有之以為利，無之以為用。

■ 譯文

三十根條輻構成一個車輪，正因為當中空無的地方可以用來裝車軸，所以才發揮了車子的作用。

揉和黏土燒製成有形的器皿，正因為器皿中間空無可以用來放東西，所以才發揮了器皿的作用。

開鑿門窗造成一個房子，正因為房子中間空無可用來住人、放物，所以才發揮了房子的作用。

所以說，事物之所以有用而有利，是由於善用空無的緣故。

■ 必修學分：擁有的時候，保持虛無的態度

這一章老子講的是「有」和「無」的關係。

「有」和「無」相互矛盾，又相互依存，老子一共舉了三個例子。

車輪中間空無，可用來放車軸，從而發揮了車子的功效；

陶器中間空無，可用來盛裝東西，從而發揮了陶器的作用；

房子中間空無，可用來住人放物，從而發揮了房子的功用。

其實，同樣的例子還有很多，老子在這裡無非是要我們悟出「有」和「無」的道理——那有形的地方，只是為了實現目的而設置的便利而已，而真正起作用的地方，正是它空無的地方。老子是告訴我們，為人處世必須處理好各種「有」和「無」的關係。

老子的五千言，文約義豐，涵蓋極廣。就拿這個「有」和「無」來說，文學講究含蓄而有餘味，「無字處皆有其意」（王夫之）；繪畫注重空白處理，「虛實相生，無畫處皆成妙境」（笪重光）；書法追求「潛虛半腹」（智果），「計白當黑」，「實處之妙，皆因虛處而生」（蔣和）；建築提倡「透風漏目」，從房屋的門窗和亭台廊榭之空格去得自然之景，感宇宙之情韻。世界著名的建築大師、美籍華人貝聿銘先生十分讚賞老子：「我時常談老子，我相信他的著作對我建築想法的影響，可能遠勝於其它事物。」

由上可見，這「有」和「無」的內涵之廣，暗示性之大。而在指導我們立身處世上也是如此，是要求我們時刻保持虛無的態度。

南美獨立戰爭時期，統帥西蒙·玻利瓦來到基層，恰好看到士兵正在安裝大樑，旁邊有個人正在得意洋洋地指手畫腳。

西蒙·玻利瓦問：「您怎麼不動手？」

那人回答：「我是班長。」

西蒙沒說什麼，立即與士兵一起忙碌起來。

等到做完了工作，西蒙·玻利瓦擦了擦汗，對那位班長說：「班長先生，如果今後還有類似任務，請儘管吩咐您的總司令，他肯定會立即趕來幫助士兵的。」

明白了站在面前的人是總司令，剛才還在擺架子的班長立刻羞了個滿臉通紅。

西蒙·玻利瓦以自己虛無的態度為士兵們做了榜樣，也教育了那個自視甚高的班長，如此一來，也難怪他的士兵認為他是最和善、最親近的統帥，因而尊敬和愛戴他了。

斷章取義：

　　保持虛無的態度，就是要處理好各種「有」和「無」的關係，比如有才和無才，有功和無功，有私和無私，有欲和無欲等等，而處理好這些關係的關鍵，就是要努力去除「有」的束縛，發揮「無」的妙用。

第 12 章 追求享受要適可而止

■ 原文

五色令人目盲。

五音令人耳聾。

五味令人口爽。

馳騁田獵令人心發狂。

難得之貨令人行妨。

是以聖人為腹，不為目，故去彼取此。

■ 譯文

五光十色會使人眼花目盲。

五音混雜會使人重聽耳聾。

五味佳餚會使人口澀失味。

縱情狩獵會使人放蕩不羈。

稀有財貨會使人產生貪求之欲。

因此，聖人只求飽腹，不求聲色悅目。

所以，要摒棄那些而保守這個，就得明白以上所說的這些道理，並切身去實行。

■ 必修學分：追求享受要適可而止

在老子五千言中，老子一直提倡，摒棄欲望，簡樸生活。

本章老子提到了人類的五大困擾：五色、五音、五味、田獵及難得之貨。

　　理解了老子的思想後，我們可以知道，老子並不是要求我們不去享受，合理的享受是應該的，是必須的，但一定要放棄過多的欲望，追求享受要適可而止。

　　欲望不能讓我們真正地得到享受，反而會給我們帶來巨大的危害。縱情欲望之中，五色使人目盲、五音使人耳聾、五味使人口爽、田獵使人放蕩不羈，難得之貨使人貪婪。

　　過多的欲望害人不淺，甚至還會危害生命。

　　北宋傑出的文學家歐陽修說：「夏禹走天下，乘四載，治百川，可謂勞其形也，享壽百年。顏子蕭然，臥於陋巷，簞食瓢飲，外不誘於物，內不動於心，可謂至樂也，而年不過三十。」歐陽修將古代的名人夏禹與顏回對比，得出的結論是：「勞其形者長壽，安其樂者短壽。」夏禹因治洪水，修通河道，勞其形，常勞動，相傳享年一百六十歲；而顏回終日端坐讀書，不常活動筋骨，結果只活了三十歲。

　　亞塞拜然南部海拔約兩千五百公尺的山區，有個遠近聞名的長壽村，居民幾乎是居住在陡峭的山崖上。村裡有五十多位百歲以上的老人，其中最年長的是一百二十一歲的米爾扎罕·摩夫拉莫夫老人。他二十五歲時曾在沙皇尼古拉二世的哥薩克騎兵團服役，列寧逝世時他四十歲。米爾扎罕老人一生結過三次婚。曾有人問他為什麼能如此長壽，他總是說，他一生只知道做事做工。

　　今天，我們享受著前人沒有享受過的科學文化成果，擁有前人想都不敢想的物質財富，這的確反映了時代的發展，社會的進步，人類在不斷地走向幸福。但是我們還應該看到它的另一面，欲望讓許多人無知墮落，更不用說那些已習慣了享受，而變得遲鈍、矯情的現代人。

斷章取義：

　　真實的享受應是有理性的節制，虛假的享受才是愚蠢的放縱，所以我們應該採取前者，而拋棄後者。

第13章 寵辱不驚才是真賢士

■ 原文

寵辱若驚，貴大患若身。

何謂寵辱？辱為下。得之若驚，失之若驚，是謂寵辱若驚。

何謂貴大患若身？吾所以有大患者，為吾有身；及吾無身，吾有何患！

故貴以身為天下者，則可寄於天下；愛以身為天下者，乃可以托天下。

■ 譯文

得到恩寵和受到屈辱，都會感到心神震驚而不得安寧，重視大的禍患就像重視自己的身體性命一樣。

什麼叫「寵辱若驚」呢？恩寵是上對下給予額外的賜予，所以當受寵者得到額外賜予時，就會感到震驚，如果失去了額外賜予，也會因失寵受辱而感到震驚，從而失去安寧，這就叫做得寵與受辱都感到震驚。

什麼叫「貴大患若身」呢？我們之所以感到大的禍患，是因為我們有身體的存在，如果不顧及到自己的身體，那我們還有什麼禍患呢？

所以，能做到貴身（珍貴自己生命）那樣去服務於天下的人，才可以把天下大事寄託於他。能做到愛身（愛自己生命）那樣服務於天下的人，才可以把天下的重任交付給他。

■ 必修學分：寵辱不驚才是真賢士

「寵辱不驚」，意即得榮受侮都不感到驚異。

晏子是齊國的宰相，有一天他坐著馬車外出，經過鬧市。馬車夫的妻子立在路旁家門口，看見自己丈夫高高坐在駟馬大車上，神氣活現地揮著馬鞭，洋洋得意地吆喝著。等馬車夫回到家裡，妻子拿了包袱，要和他離婚。馬車夫慌了，忙問原因。妻子說：「晏子雖然身長不到六尺，乃是一國堂堂的宰相，

名聞諸侯，今天我看他坐在馬車上，低頭沉思，態度謙虛，而你雖身長八尺，不過一個馬車夫，看你趕車時那副神氣和派頭！我不願意跟一個自以為是的人過日子！」馬車夫聽了很慚愧，以後每次趕車，都十分檢點自己的言行。

這種受寵而不知輕重者，生活裡也不少見。如一高中生考上知名大學，就趾高氣揚，瞧不起舊日好友；一年輕工人，因當上副廠長，便鼻子朝天，斜眼看人；一文學青年，發表了幾篇文章，便以為「層次提高了」，開始以文人自居……面對這些「一闊臉就變」、自鳴得意的人，人們當然有理由說：德行！這類人多麼淺薄啊！不難想像他們的人緣，如若一朝落難，一定是一副可憐巴巴的狼狽相。

除了受寵，現實生活中，人們也會因為自己的弱小或能力的低下，受到別人的欺壓凌辱，甚至是反覆剝削；是用雞蛋碰石頭簡單地反抗，還是忍耐一時的屈辱，首先適當地保護自己，積蓄力量，尋找擺脫欺辱的方法呢？不是每一個人都能夠選擇明智的方法，忍屈辱，再圖強的。

天寶元年，李白來到京城趕考。他聽說考官是太師楊國忠，監考官是太尉高力士，二人皆愛財之輩，倘不送禮，縱有天大的本事也落第。李白偏偏一文不送。

考試那天，李白一揮而就。楊國忠一看卷上李白的名字，提筆就批：「這樣的書生，只好與我磨。」高力士說：「磨墨算抬舉了，只配給我脫靴。」便將李白推出考場。

後來，有個番使來唐朝遞交國書，上面全是一些密密麻麻的鳥獸圖形。唐玄宗命楊國忠開讀，楊國忠如見天書，哪裡識得半個？滿朝文武，亦無一人能辨認。唐玄宗大怒。

後來，有人推薦李白。他走上金殿，接過番書，一目十行，然後冷笑說：「番國要大唐割讓高麗一百七十六城，否則就要起兵殺來。」

玄宗一聽，急問百官有何良策？群臣面面相覷。李白說：「這有何難，明日我面答番書，令番國拱手來降。」玄宗大喜，拜李白翰林學士，賜宴宮中。

次日，李白上殿，對唐玄宗說：「臣去年應考，被楊太師批落，被高太尉趕出，今見二人，臣神氣不旺。請萬歲吩咐楊國忠給臣磨墨，高力士與臣脫靴，臣方能口代天言，不辱君命。」玄宗用人心切，顧不得許多，就依言傳旨。楊國忠氣得半死，忍氣磨墨，然後捧硯侍立；高力士強吞怒火，雙手脫靴，捧跪在旁。

李白這才嘆一口氣，寫了一封陳述利害的詔書，番使聽後嚇得魂飛魄散，連連叩頭謝罪。

斷章取義：

人一生中，地位總會發生變化，寵辱也無常。受寵之時，以平常心待之；受辱之時，應不怒、不憤、不爭、不仇，更是一種平常心。能做到「寵辱不驚」的人，就如老子所說：「可寄於天下」、「可以托天下」，也就是說，他會成就大的事業。

第 14 章 做大事要像「道」一樣不見首尾

■ 原文

視之不見，名曰夷；聽之不聞，名曰希；搏之不得，名曰微。

此三者不可致詰，故混而為一。

其上不皦，其下不昧。繩繩不可名，復歸於無物。

是謂無狀之狀，無物之象，是為惚恍。

迎之不見其首，隨之不見其後。

執古之道，以御今之有。能知古始，是謂道紀。

■ 譯文

有那麼一個「東西」，看它卻看不見它，但它確實存在，只不過超出了人的視力範圍而已，它名叫「夷」（隱）；聽它卻聽不到它，但它確實存在，只不過超出了人的聽力範圍而已，它名叫「希」（暗）；摸它卻摸不著它，但它確實存在，只不過超出了人的感官所能感知而已，它名叫「微」（無）。

倘若有人問我這個看不見、聽不到、摸不著的東西是什麼，我無法直截了當地闡述，只知道它是以上這三方面的渾然一體。

它是一個整體，它又是不明不暗上下無光的。它綿綿不絕卻又無可名狀，還又歸於沒有物質的虛無狀態。

就是說它是無影無形的，是沒有形狀的形狀，沒有物象的物象，這個現象可以體會，但捉摸不到，所以就叫它「惚恍」。

迎上去見不到它的源頭，追上去見不到它的蹤跡。

我們只能從它的過去，把握它的現在。必須了解最初的歷史，才能參透「道」的規律。

■ 必修學分：做大事要像「道」一樣不見首尾

本章，老子為我們講述了「道」的形象，提出了四個關於「道」之形象的概念：「夷」、「希」、「微」、「惚恍」。

「道」擁有怎樣的形象呢？

「道」，我們無法用眼睛看到它，但它確實存在，所以叫做「夷」。「夷」就是沒有任何顏色，看不見的意思。

「道」，我們無法用耳朵去聽到它，但它確實存在，所以叫做「希」。「希」就是沒有任何聲響，聽不到的意思。

「道」，我們無法用手去摸到，但它確實存在，所以叫做「微」。「微」就是沒有形體，觸摸不到的意思。

大道就是這樣，我們是無法用感官去感知它的，既無法感知，當然無法用概念去判斷和分析它，只知它是以上三者的結合體，似有似無，不可名狀，所以只好把它叫做「惚恍」。

故此有了「迎之不見其首，隨之不見其後」的言論。這是由先前所述而得出的結論。

「迎之不見其首」，指不見開頭。

「隨之不見其後」，指找不到結尾。

看不見開頭和結尾，並不是沒有開頭和結尾，而是讓人捉摸不到，無法感知。

對於我們而言，做事情也應該如此，自身清清楚楚，卻讓別人神祕難知，不可預測。

香港有一位小小的建商何禮杰，準備拿出自己名下唯一的一塊土地，與一家實力雄厚的建設開發公司合作開發。因這塊土地緊靠交通要道，建設公司想在這建立一個大規模的商業廣場，其設計部門甚至在談判前已拿出了設計方案，意在必行。

　　何禮杰在與建設公司的代表們一次次接觸、會談之後，談判陷入了僵局。何禮杰知道建設公司確實有意此項目，故提高了土地的價格；建設公司知道何禮杰僅是一個小小建商，而且僅有這一塊土地，故也寸步不讓。怎麼辦呢？

　　何禮杰似乎表現出要放棄與建設公司共同開發的打算。他整天與一位阿拉伯富商混在一起。他們多次共進午餐，甚至一起出入酒吧、家中，顯得關係極為親密。頻率如此高的接觸，終於引起了建設公司情報人員的注意，結合當時阿拉伯商人涉足房地產的情形，他們懷疑何禮杰意欲與阿拉伯商人合作，而且何禮杰故意放出類似的口風。這下建設公司的人忍不住了，因為他們對這塊土地的前景十分看好，並把它做為今後三年內，公司發展的主要項目，志在必得。因怕何禮杰把這塊土地賣給別的公司，建設公司在之後的談判中節節讓步，何禮杰則大獲全勝，他不僅可以在建成後享受四〇％的收益，而且還可以在合約簽字後，當即獲得三百萬港幣的補償金。

　　上例中，何禮杰瞞天過海，假意親近阿拉伯商人，讓建設公司捉摸不定，終而上當，這就是老子本章思想活用的典範，應為所有欲成大事者借鑑，但須注意的是，這僅為「不見首尾」之法中的一種，可借鑑但切忌局限於此。

斷章取義：

　　做大事要像「道」一樣不見首尾。如管中窺豹，只能看見斑點；如盲人摸象，只能摸到厚牆。如此不讓人測知，才不會讓人控制，才易成就大的功業。

第 15 章 欲成功者的七種行為準則

■ 原文

古之善為士者，微妙玄通，深不可識。夫唯不可識，故強為之容：

豫兮，若涉大川；猶兮，若畏四鄰；儼兮，其若客；渙兮，若冰之將釋；敦兮，其若樸；曠兮，其若谷；混兮，其若濁。

孰能濁之以止？靜之徐清；孰能安之以久？動之徐生。

保此道者，不欲盈。夫唯不盈，故能蔽而新成。

■ 譯文

古代那善於行道的人，見解微妙而能洞察幽隱，其心靈深不可測。正是因為深不可測，所以只能勉強地給他一個描述和形容：

他小心謹慎，彷彿在冬天裡涉過大河；他處處警惕，彷彿畏懼四周的鄰居一樣；他嚴以律己，彷彿在別人家裡做客；他胸襟瀟灑，彷彿春天裡冰雪融化一樣溫和自如；他淳厚樸實，彷彿未經雕琢的玉石；他豁達開闊，彷彿那空山幽谷；他渾渾沌沌，彷彿是汙水濁流。

誰能在混濁動亂中平靜下來，使身心清靜如水呢？

誰能在安定祥和中長久守持，使心平氣和徐徐而生呢？

能遵循此規律的人，能保持謙虛而不盈滿，正因為他不盈滿，所以總能不斷地從陳舊中創新。

■ 必修學分：欲成功者的七種行為準則

老子在上一章最後，還提出了一個「道紀」的概念。「道紀」就是大道的綱紀和規律。

我們要認識「道」，並不是只要認識它的形狀、聲音、物體，而是主要認識它的規律。它的規律對我們立身處世有巨大的指導意義，認識了「道」的規律，我們的行為就不會出現障礙和禍患，就能真正達到明哲保身的境界。

於是本章，老子接續上一章，講了真正認識「道」之規律人士的情形，這幾種情形，應為所有欲成功者共同的行為準則。

（一）「豫兮，若冬涉川。」像冬天涉過大河一樣小心謹慎。

冬天河面結冰，從冰上行走過河，稍有不慎就會有失足落水的危險，所以必須小心。這裡講的是一種非常謹慎的態度，連結到我們做事來說，也應具有這種「事成於慎而敗於縱」的態度（後面有詳細的介紹），正如古人所說：「世上的事情都有一個恰到好處的分寸。因此，有一分謹慎就有一分收穫，有一分疏忽就有一分丟失。十分謹慎就會完全成功；完全疏忽就會徹底失敗。」可見，欲成功，謹慎之心是多麼重要。

（二）「猶兮，若畏四鄰。」像畏懼四周的鄰居一樣。

之所以畏懼鄰居，是因為得「道」之人處處嚴格要求自己，約束自己的言行，使之不逾常規，制止自己的行為，使之不過分囂張放肆。對於任何一個欲成大事者而言，只有嚴格要求自己才會使自己不斷完善，才會使自己擁有好的人際關係，少有敵人而多有朋友。嚴格要求自己，也是一種謹慎的態度，這樣的人，是最難被不正之風擊倒的。這樣的人「正」而且「大」，在他們的人格中有一種光明正大的東西，有一種內在的精神內涵。

（三）「儼兮，其若客。」像在別人家做客一樣嚴以律己。

去別人家裡做客，勢必牢記自己客人的身分，謹慎自己的言行，規範自己的態度。

老子是在告訴我們，要以客人的姿態來對待我們的生活，客人在主人家裡，必以謙卑的態度對待自己。但在我們的生活中，我們往往喜歡看高自己而貶低別人，這就犯了錯誤，是以主人的態度對待自己，難免有自大甚至是囂張之嫌，是應該極力避免的。

（四）「渙兮，若冰將釋。」像冰雪融化一樣溫和自如。

（五）「敦兮，其若樸。」像未經雕琢的玉石一樣淳樸。

（六）「曠兮，其若谷。」像山谷一樣豁達。

以上三者的意思很好明白，是說要效法「道」，成為得「道」之人，就應具有溫和、淳樸、豁達的品格，一般人應如此，對於一個欲成大事者來說，更是不可或缺，一個人只有學會做人，才能取得人生的成功。

（七）「混兮，其若濁。」像汙水濁流一樣渾濁。

老子提倡「無為」、「不言」的處世態度，像汙水一樣渾濁正是這種處世態度的體現。外貌上表現得渾渾噩噩的樣子，內心卻如明鏡。鄭板橋有云：「水巧若拙，大勇若怯，天下之智皆在一個『藏』字。與人交往，藏得巧妙，則能先發制人，出其不意，比之鋒芒畢露者，不知要高明多少倍。」從表面上看，這種處世態度似乎保守，可細想起來卻很是可取。

凡事為自己留條退路，不炫耀顯露自己如濁水一般，這樣的人才不會犯大錯，才易有所成就。

斷章取義：

能成大事者有一顆謹慎的心，能嚴格要求自己，他更具有溫和、淳樸、豁達的品格，凡事為自己留條退路，正是由於他能保持謙虛而不盈滿，所以他仍有很大的上升空間，他還能有更大的進步。

第 16 章 做一個心境開闊的人

■ 原文

致虛極，守靜篤。

萬物並作，吾以觀其復。

大物芸芸，各歸其根。

歸根曰靜，是謂復命。

復命曰常，知常曰明。

不知常，妄作凶。

知常容，容乃公；

公乃全，全乃天；

天乃道，道乃久，沒身不殆。

■ 譯文

使心靈達到虛無的境界，守住這種清虛的心境持久不變（這是得道的全部祕訣）。

萬物一齊生長發作，我則從中觀察它們的循環往復。

萬物雖然紛紜茂盛，但它們要回到各自賴以生存的那個根。

歸了根就叫沉靜，在沉靜中重新孕育生命。

體會到這重新孕育生命的規律性，方可稱之為「明道」。

不認識「道」之根本，不明白生命真相的人，勢必要胡作非為，其結果必然凶險。

認識了「道」的本源，才能懂得人生的真諦，胸襟才會寬闊，為人處世自然公正無私；公正無私才能達到安全，達到安全才能符合自然。

符合自然便是符合天地之道，源遠流長，永恆不朽，終生不會遭受危殆。

■ 必修學分：做一個心境開闊的人

上一章，老子為我們描述了體悟大道的人的形象，本章則繼續揭示悟道之人的理性認識。我們常說「葉落歸根，以糞其土」，自然又變成了生命，生命又長出茂枝繁葉，再落而施肥。從有到無，從無到有，不停地循環，不停地生滅。一切的一切都自然而然。

悟道之人認識到了這一自然的規律，所以他們努力讓自己達到那虛無寂寥的極點，從而堅守那種清靜無為的境界。一切歸於沉靜無為，沒有分別，自然也就可以包容一切，快樂而長久地生存下去。

生活中的許多人，正是由於少了這清靜無為的包容之心，而多了許多煩惱。

也許是生活的壓力太大，有些人說：「活著，真累。」也許是遇到不順的事太多，有些人說：「活著，真煩。」也許是對柴米油鹽的平凡生活的厭倦，有些人說：「活著，真沒力氣。」這裡，有一個如何認識生活的問題，也有一個如何調整自己心境的問題。

生活就是生活，它像泥土一樣真實而粗糙，如果你對它抱有不切實際的幻想，你就會難免失望。像自然界有風雨陰晴一樣，生活也不會總是一帆風順。如果你對此沒有心理準備，你可能就會悲觀徬徨。生活也不會總是充滿著戲劇性的高潮，更多的時候它是平凡瑣碎的，甚至顯得沉悶。宋代大詞人蘇軾說：「月有陰晴圓缺，人有悲歡離合，此事古難全。」你怎麼可能指望它天天都如狂歡節一般呢？

生活的快樂不快樂，在於誰？全在你自己，對生活的態度和理解。

一個年輕人老是埋怨自己時運不濟，發不了財，終日愁眉不展。

這一天，走過一位老人，問他：「年輕人，幹嘛不高興？」年輕人回答：「我不明白我為什麼老是這麼窮？」

「窮？我看你很富有嘛！」

「這從何說起？」年輕人問。

老人沒有直接回答，而是說：「假如今天我折斷了你的一根手指，給你一千元，你幹不幹？」

「不幹。」

「假如斬斷你的一隻手，給你一萬，你幹不幹？」

「不幹。」

「假如讓你馬上變成八十歲的老翁，給你一百萬，你幹不幹？」

「不幹。」

「假如讓你馬上死掉，給你一千萬，你幹不幹？」

「不幹！」

「這就對了，你身上的錢已經超過了一千萬了，你還不高興嗎？」

老人說完笑吟吟地走了，留下那年輕人在思索。

平凡的生活處處充滿快樂，這恰好印證了牛頓的一句話：「愉快的生活是由愉快的思想造成的。」

斷章取義：

一個人有太多追求，他就生活在欲望的漩流之中，不能自拔，甚至憂鬱成病；反之，一個人沉靜無為，他就可以包容一切，永遠滿足和快樂。歡樂就是健康，憂鬱就是病魔，聰明的你選擇哪一種呢？

第 17 章 用人不疑，疑人不用

■ 原文

太上，不知有之；其次，親之譽之；其次畏之，其次侮之。

信不足焉，有不信焉。

猶兮其貴言，功成事遂，百姓皆謂「我自然」。

■ 譯文

最高明的統治者，百姓不會察覺其存在；那次一等的，百姓愛戴他、讚譽他；再次一等的，百姓敬重他、畏懼他；更次一等的，百姓侮辱他、反對他。

統治者的誠信不足，百姓自然不會信任他。

不如悠然而慎於出言，一切舉措成就，要讓百姓感到彷彿出於自然和自願。

■ 必修學分：用人不疑，疑人不用

本章，老子向我們講了四種管理天下的方法和相應取得的政績。這裡老子告訴我們，最好的統治者，應該讓百姓自己去順其自然的生活，而不要苛政繁文，既苦了自己，又害了百姓。如果統治者對百姓的誠信不足，百姓自然不會信任他。

這一思想運用到現實生活中，就是說一個領導者，應該充分信任自己的下屬，透過觀察人之後，把任務交於下屬，就應充分放權，不干涉他，讓他充分發揮自己的能力，這才是最明智的方法。在我們身邊就有這樣一件事情：

很久以前有一個生產電子零件的小企業，原是美國著名品牌摩托羅拉的代工廠，後見市場很大，遂投資建了一個一百多人的小廠。廠長、人事經理、生產部主管、採購主管等，都是由當年與自己一同打天下的親戚朋友擔任。但工廠運作了一段時間之後虧損嚴重，老闆左思右想，覺得還是人才方面的問題，於是，決定在人力市場上進行招募。

　　果然，企業很快地就走出了低谷。但令人非常遺憾的是，老闆擋不住那些親戚朋友的壓力，並沒有把原來的人馬全撤換掉。面對新舊兩套人馬，老闆竟想出這樣的辦法，利用「老人」監視「新人」，又利用「新人」監視「老人」。於是新舊兩套人馬為了爭取老闆的信任，都充當老闆的「警察」。老闆沾沾自喜，以為所有的人都在他的眼皮底下。這樣做的最終結果是老闆在公司裡人心喪盡，企業陷入癱瘓的絕境。

　　因此，一個明智的領導者一旦把一件任務交給下屬後，就不要再疑神疑鬼，也不要對工作的過程和具體方法進行干涉，更不要偷偷地派人在部屬身邊進行蹲點監視，打小報告。因為一旦你的下屬知道後，他們就會對你產生極大的反感和厭惡。好啊，老闆原來是這樣的一個小人，不相信我們就拉倒，我們不幹了。

　　其結果是，領導者不得不又親自出面來安撫這些下屬，平息他們的怒火。正確的做法是，你領導者有時間了，可以光明正大地到他們當中去走走，關心他們，幫助他們解決存在的困難，他們也就會樂意把工作的情況和進展向你彙報。

斷章取義：

　　我們說用人不疑，必須以疑人不用為前提。所以你不能把一項重任交給未通過「信任度」考驗的下屬。如果你將任務交給可信之人，就不要疑神疑鬼了。

第 18 章 做人安守本分，才無大礙

■ 原文

大道廢，有仁義；智慧出，有大偽；六親不和，有孝慈；國家昏亂，有忠臣。

■ 譯文

大道被廢棄了，於是才會倡導仁義。

智謀出現了，於是才會有惡劣的詐偽。

家庭中六親不和睦，於是才會提倡孝慈。

國家混亂了，於是才需要忠臣。

■ 必修學分：做人安守本分，才無大礙

在老子生活的年代，已經出現了種種反常的現象，即違背「道」的現象，所以，老子認為大道已被廢棄，人們離大道是越來越遠了。

本章，老子就此提出「智慧」、「孝慈」、「忠臣」，都是世道混亂之後的消極產物。我們從老子的思想來追究一下緣故，是由於我們人類做了許多違「道」的事情，通俗一點來說，是由於我們人類靈魂與形體分離了，越來越不守本分了。如此不守本分、背「道」而馳是極其危險的，是有災禍的。

因此說我們必須安守本分，才無大礙。

那如何才能做到安守本分呢？

我們就此從老子本章中去尋找答案。

「智慧出，有大偽。」

老子認為智慧是大偽出現的原因，這裡老子並不是要否定智慧本身，他是反對，伴著智慧出現的虛偽、狡詐、欺騙，這是不安守本分最明顯的表現。

看看我們人類的今天，許多人由於洶湧澎湃的欲望，而放棄誠實、守信，甚至幹起了諸多違法的勾當，導致了有「無商不奸」、「世態炎涼」的言論，正因為此，國家制訂了法律以約束人的行為，使「大偽」之人受到懲罰。如果避開法律不談，這種「大偽」也是危險的，「大偽」之人會被眾人看不起，被眾人拋棄，他們會因此而失去更多。因此人要做到安守本分，首先必須約束自己，從「大偽」中走出來，去除一切虛偽、狡詐和欺騙。

「六親不和，有孝慈。」

這也是不安守本分的表現。六親一旦不和睦，做兒女的不孝順長輩，做長輩的不慈愛自己的兒女，諸如此類，家庭中就會爭吵不斷，紛爭不斷，家人生活痛苦，事業無心經營。從這幾點，可見人在家中不安守本分，導致家庭不和睦的危害，所以老子說，由此而產生了「孝慈」。

「國家昏亂，有忠臣。」

如上所述，家庭都不和睦了，那麼由家庭構成的國家，自然就會不安、混亂了。國家混亂並不是人們所希望的，因此就出現了一些力挽狂瀾的人，就叫做「忠臣」。有「忠臣」的概念，自然便有了「亂臣賊子」的概念。因此老子說有了「忠臣」的概念，國家就會產生混亂，而國家混亂也正是由於人的不守本分，「六親不和」，有私心、貪欲導致亂臣當道。

「智慧」、「孝慈」、「忠臣」的產生，都是消極的，是遠離大道的，是人的不守本分，老子藉此告誡我們——做人要安守本分才無大礙，如此社會才會安定，家庭才會和睦，國家才能長治久安，我們才能永遠和平、快樂地生活著。

斷章取義：

做人安守本分才無大礙。安守本分做一面鏡子，時刻自我觀照；安守本分像一只皮箱，提放自如；安守本分像一本簿子，不斷記錄功過；安守本分做一支蠟燭，永遠照亮別人……安守本分的人就是一個善於自律的人，他永遠站立在善人的行列中，而不躍入惡人的泥沼。

第 19 章 遠離小聰明

■ 原文

絕聖棄智，民利百倍。

絕仁棄義，民復孝慈。

絕巧棄利，盜賊無有。

此三者，以為文不足，故令有所屬：

見素抱樸，少私寡欲，絕學無憂。

■ 譯文

斷絕聖明，拋棄聰明智慧，百姓的利益會增加百倍。

斷絕仁愛，拋棄正義，百姓就會恢復到孝和慈的本性。

斷絕投機取巧，拋棄有利可圖的事物，偷盜也就沒有了。

以上三者寫成文字還不夠，文不足以教民，所以，應向百姓指出其歸屬：

要堅守樸素，減少私心和欲望，道法自然，去掉學識，這樣就無憂無慮了。

■ 必修學分：遠離小聰明

上一章我們說過，做人要安守本分才無大礙，反之，如不安守本分，要起小聰明來，那就危險了。

老子接續上章告訴我們，聖智、仁義與巧智三者，是絕對不能鼓勵的，這樣做就會與「道」相背離，招致禍端。正如人如果不安守本分，喜歡用小聰明，那就有災禍了。

生活中有這樣一些人，聰明形於外，總是自以為聰明而逞能，耍點小手段、小心計、小伎倆，往往是沒有看到客觀事物的全局，偶爾一兩次僥倖成

功，最終結果卻是洋相百出，與他們的初衷大相逕庭，自討一些沒趣。喜歡耍小聰明的人，往往會「聰明反被聰明誤」，「賠了夫人又折兵」。

清朝某縣令，在位十二年，沒有一點政績，但他自以為得意的是，不管哪一位上司到任，他總能竭力奉承，討得上司歡心，因此官位得保。有一次，縣令的一位同鄉做了巡撫，他連忙趕去拜見。當時同僚都在場，他在官署的第二重正門起，便唱名膝行至大堂，叩了無數個頭，額上竟突起一個雞蛋大的包。叩頭完畢，他又從袖中掏出一顆金珠，偷偷放在巡撫座位之下，又匍伏不起。巡撫見狀，臉有怒色，縣官即俯首說道：「大人是我的老子，我是大人的兒子，不周之處，大人只管訓教。」巡撫越發生氣，說：「你欺我太甚！」把金珠扔在地上，喝令他站起。同僚見狀便代為求情。巡撫說：「你們都不知道，他並不是奉承巴結我，而是譏笑我呢！」眾人都不大明白，巡撫便告訴他們說：「我和他是同鄉，一向知道他有懼內的毛病，每天早上，便穿好衣服在臥室外，向他夫人叩頭問安；待夫人盥洗完畢，他便膝行趨伏在梳妝台前，趴在地上叩頭無數次，然後取出金珠，獻給夫人做首飾之資；夫人稍有不稱心，他便雙手伏地，只稱請夫人訓教，口中呼道：『夫人是我母親，我是夫人兒子』，夫人怒叱之，他才戰戰兢兢地爬起來。剛才看這情景，竟如此相似，他簡直是把我比作女流之輩了，怎不令人髮指？」眾同僚方才明白，連忙退下。不久，巡撫竟罷了這個縣令的官。

縣令以善拍馬屁自居，結果一拍不慎，竟拍到馬蹄上，這樣的人，自以為高明，結果真是笑料百出。

斷章取義：

聰明是人的一種長處，但聰明也會讓人失了心性，致而糊塗。這就是聰明反被聰明誤的心理原因。對聰明人來說，是這樣。如果你本不聰明，而故作聰明狀，那就更不是滋味了。因為你會由此而玩弄了你自己。古人說：「聲色未必障道，聰明乃障道的屏藩」。意思是說，聲色可能迷惑不了意志堅強者，但是，人的偏見、陋習卻是很難自覺。自作聰明的危害大於聲色犬馬的誘惑啊！真正聰明的，會使自己的聰明深藏不露，或者不到刀刃上、不到火候時不輕易使用，他一定會貌似渾厚，讓人家不眼紅於他。事物是複雜的，

不顧客觀實際，一味循著自己的思路去考慮問題，賣弄點小聰明，是愚人的行為，是招災引禍的根源。多一點踏實，多一點考慮，應是自作聰明者的座右銘呀！

第 20 章 節操是做人的根本

■ 原文

唯之與阿，相去幾何？

善之與惡，相去何若？

人之所畏，不可不畏。

荒兮，其未央哉！

眾人熙熙，如享太牢，如春登台。

我獨泊兮，其未兆，沌沌兮，如嬰兒之未孩，乘乘兮，若無所歸。

眾人皆有餘，而我獨若遺。我愚人之心也哉！

俗人昭昭，我獨若昏；俗人察察，我獨悶悶。

忽兮若海，漂兮若無所止。

眾人皆有以，而我獨頑似鄙。

我獨異於人，而貴食母。

■ 譯文

順從與違逆，相去有多遠？

美善與醜惡，相去又有多遠？

令人所懼怕的，我不能不懼怕。

荒唐啊，看不到止境呀！

眾人都忙著嬉樂，好像在享受大餐，又像春天登高遊覽。

我卻淡然處之，不萌生尋歡作樂的念頭。

混混沌沌啊，就好像嬰兒還不會發出笑聲。

閒閒散散啊，就好像沒有地方可以歸宿。

眾人生活都很富裕，我獨自一人匱乏。

我有一個愚人的心腸啊，混沌無知啊！

眾人都光耀自炫，而我卻獨自昏昏昧昧。

眾人對利之所在，都非常精明，而我卻一聲不響。

幽遠呀，恬然自得啊，飄飄然好像大海無邊。

眾人都有所作為，而我卻獨自冥頑不化。

我與他們不同，我只注重生命的根本──「道」的境界。

■ 必修學分：節操是做人的根本

老子在本章僅僅用了一百二十八個字，便全面而簡單扼要地介紹了自己獨特的行為方式、思維方式以及生活方式。

本章，老子首先提出了兩個疑問，但並不需要我們回答，其答案顯而易見。

順從與違逆，相去甚遠嗎？

美善與醜惡，相去甚遠嗎？

答案是──不遠。既然不遠，自然是令人懼怕的，一個人一不小心就會由順從走向違逆；由美善走向醜惡，所以老子說：「人之所謂，不可不畏。」

接著老子談他自己，行文上依然採取形態對立的寫法，這種對立共有五種：

眾人忙於嬉樂、吃美食、賞美景，而他自己卻淡然處之。

眾人欲望磅礴，各有所得，而他自己卻一人匱乏。

眾人都喜歡自我炫耀，而他自己卻昏沉迷糊。

眾人對利非常精明，而他自己卻一聲不響。

眾人有所追求，希望有所作為，而他自己卻獨自冥頑不化。

老子追求以上這五種思想境界，是因為老子只注重生命的根本——「道」的境界，可見老子做人的節操，正是有了這做人的節操，才能真正做到保持自我，不隨流俗。

所謂節操，也就是人的氣節與操守。

一腔正氣，可畏長虹，不虛飾，不苟且，不貪戀榮華富貴，不懼怕權勢強力，不以全身而偷生，不為五斗米而折腰，這就是氣節。知道而持行不怠，守本性而遺世獨立，行仁仗義，依理遵道，這就是操守。

合而論之，人之節操，存於內則為仁德，化於外則為堅貞，執於行則成義禮，達於人則為典範。說到底，節操是做人的根本。

在中國歷史上，如老子一般擁有做人節操者不乏其人。

晉代陶淵明從小喜歡讀書，不想求官。家裡十分貧困，常常沒飯可吃，但他還是照樣讀書寫詩，自得其樂。後來陶淵明家境更為貧寒，靠自己耕種田地根本養不活一家老小。親戚朋友於是勸他也出去謀個一官半職，他無可奈何，只好答應了。當地官府聽說陶淵明是名將陶侃的後代，又有文才，就推薦他在大將劉裕手下做個參軍。但是沒過多少時日，他就看出當時的官員、將領互相傾軋，心裡十分厭煩，提出到地方上去做官，上司就把他派到彭澤當縣令。當時做個縣令，官俸並不高，加上陶淵明既不會搜刮百姓，又不會貪汙受賄，日子過得還是不富裕，但是比起他在鄉里的窮日子，當然要好得多。他覺得留在一個小縣城裡，沒有什麼官場應酬，也還比較自在。

有一天，郡裡派了一名督郵到彭澤檢查工作。縣裡的小吏聽到這個消息，連忙跑來向陶淵明報告。當時陶淵明正在他的內室裡捻著鬍子吟詩，一聽到來了督郵，萬分掃興，但是又沒辦法，只好勉強放下詩卷，準備跟小吏一起去見督郵。小吏一看他身上穿的還是便服，吃了一驚說：「督郵來了，您該換上官服，束上帶子去拜見才好，怎麼能隨隨便便穿著便服去呢！」

陶淵明本來就看不慣那些依官仗勢作威作福的督郵，聽小吏說還要穿起官服行拜見禮，更不願受這種屈辱。他嘆了口氣說：「我可不願為了這五斗

米官俸，去向那小兒打躬作揖。」說著，他也懶得見督郵，索性把身上的官印解下來交給小吏，辭職不幹了。陶淵明回到老家以後，覺得整個社會亂糟糟的局勢跟自己的志趣、理想距離得太遠了。從那以後，他就隱居起來，過著逍遙自在日子，閒著就寫詩歌、文章，來寄託自己的心情。

「不為五斗米折腰」，正是從陶淵明這段故事總結出來的，陶淵明可謂擁有節操者的楷模。

斷章取義：

節操是做人的根本，是一種生命的境界，正如孟子所說：「富貴不能淫，貧賤不能移，威武不能屈，此之謂大丈夫。」擁有節操的人，就是頂天立地之人，是真正的大丈夫。

第 21 章 以德立身是通向成功的階梯

■ 原文

孔德之容，唯道是從。

道之為物，唯恍唯惚。

惚兮恍兮，其中有象；

恍兮惚兮，其中有物。

窈兮冥兮，其中有精。

其精甚真，其中有信。

自古及今，其名不去，以閱眾甫。

吾何以知眾甫之然哉？以此。

■ 譯文

一個真正有道德修養的人，他的內涵，只有一個東西──「道」。

「道」這個東西，是恍恍惚惚的。

惚惚啊，恍恍啊，其中卻有真形象；

恍恍啊，惚惚啊，其中卻有真事物；

深遠而暗昧啊，其中卻有真精神；

這精神是真實的，其中有訊息可憑。

從遠古追溯到今天，它的名字永不消失，由此認識萬物的本始。

我怎麼能知道萬物的本始的所以然呢？就是以「道」這個自然法則。

■ 必修學分：以德立身是通向成功的階梯

本章，老子向我們提出了一個新的概念──「德」。

要理解這個「德」，需要從「道」的角度出發，「道」，生長萬物卻不占有，滋養萬物卻不自恃，它看不見、聽不到、摸不著，「道」是無為不言、無形無狀的，我們只能透過自己的思維去認識它。

認識了「道」，我們便努力遵循著「道」，這一認識後遵循「道」的行為，即「道」在我們身上的表現就是「德」。

也就是說，「道」是「德」的根本，「德」是「道」的顯現。順從「道」就是「有德」；違背「道」就是「無德」。

由此可知，我們要遵循「道」，就必須做有「德」之人。

「德」對我們人類而言，就是指一個人的品格、德行，品格和德行是一個功成者必須確立的內在標準，沒有這個內在標準，人生之路就會失去支撐，最後必將導致失敗。古人有云：欲明德於天下者，行治其國，欲治其國者，先齊其家，欲齊其家者，先修其身；欲修其身者，先正其心，欲正其心者，先誠其意，欲誠其意者，先致其知，致知在格物。

這裡所說的，正是自身「德」之修養的重要性。可在當今物欲流行的年代，有許多人卻認為「德財不可兼備」。要講「德」，就勿涉足爾虞我詐的商場，要追求利潤、擊敗對手，就要不擇手段。在他們看來，既要拜金，就沒資格談「德」。這是一種極其錯誤的觀念，他們忽視了以德立身的重要性，他們只有欲望和追求，無視做人與經商、做事的關係，也無視了那許許多多以德立身而獲取成功的人。

「君子愛財，取之有道。」李嘉誠是一個典型的「儒商」，在叱吒商場的同時，堅持以誠為本，外圓內方。這不僅使他贏得了良好的聲譽，更使他交到了無數朋友，為他帶來了無數商機。正如他自己所說：「有錢大家賺，利潤大家分享，這樣才有人願意合作……財源滾滾來。」曾經有一位相士，見了李嘉誠，說李嘉誠相貌出色，以後非大富即大貴。這一點居然被他說中了。然而，與其說李嘉誠後來的發達是因為相貌，不如說是由於他的品德。

李嘉誠說：「我現在就算再有多十倍的資金，也不足以應付那麼多的生意，而且很多是別人主動找自己的，這些都是誠實為人的結果。對人要守信

用，對朋友要有義氣。今日而言，也許很多人未必相信，但我覺得，一個『德』字實在是終生受用。」

他還說：「世界上每一個人都精明，要令人家信服並喜歡和你交往，那才最重要。」

李嘉誠是一個誠實善良的人，更是一個善於為人處世的人。他深知，一個人要在社會上立足，並做出一番偉大的事業，單憑商場上的東拚西殺是遠遠不夠的，就像單槍匹馬無法打贏一場戰爭一樣。只有以誠為本，與人為善，廣交朋友，才能左右逢源，贏得更多的機遇，才能使自己的事業從無到有，不斷壯大，走向輝煌。

由此可見，「德」是鋪就成功之路的基石。

斷章取義：

以德立身貫穿於每個人的全部人生，在人生的不同階段，道德對於人的要求會有著不同的變化，每個人體驗和經歷的內容也不一樣，但是，以德立身的人生支柱是不變的，它對每個人的人生大道發揮支撐作用的定律是不變的。一句話，以德立身是通往成功的階梯。

第 22 章 委曲才能求全

■ 原文

曲則全，枉則直；窪則盈，弊則新；少則得，多則惑。

是以聖人抱一，為天下式。

不自見故明，不自是故彰，不自伐故有功，不自矜故長。

夫唯不爭，故天下莫能與之爭。

古之所謂曲則全者，豈虛言哉！誠全而歸之。

■ 譯文

委曲反能保全，屈就反能伸展；低窪反能充盈，破舊反能生新；少取反能多得，貪多反而迷惑。

所以，聖人以「道」的原則為天下的法式。

不單憑自己所見，反能看得清楚；不自以為是，反能分辨是非；不誇耀自己，反能見到功勞；不自高自大，反能長久。

正是因為不爭，所以天下也就沒有人和他爭。

古人所謂「曲則全」，怎麼能是虛妄之言呢？它是完全可以達到的。

■ 必修學分：委曲才能求全

開篇老子便講出了本章的主旨：「曲則全，枉則直；窪則盈，弊則新；少則得，多則惑。」這六個詞組指的是六種事物和現象，卻只反映了一個道理，即採取低姿態的生存方式。這種生存姿態的具體行為方式雖然多種多樣，但可以總結出一個人人皆知的道理，即「委曲求全」。

「委曲求全」多用於自我處於弱勢時使用，是不得已而為之。

在二十一世紀競爭激烈的今天，在面臨強敵威脅的情況下，為求生存而暫時委曲自己附和他人，甚至由此而犧牲一些小的利益，這才能贏得時機，以圖大的謀略。

英國聯合利華公司總經理柯爾，正是由他在企業經營生意談判交涉中，採取「委曲求全」的方式，才贏得了發展的時期。

聯合利華公司在非洲東海岸早就設有大規模的友那蒂特非洲了公司，從業人員達到十四萬。這裡有豐富的肥皂原料，並適合於栽培食用油原料——落花生，是聯合利華的一塊寶地，是公司財富的主要來源之一。

第二次世界大戰結束後，非洲各地的獨立運動如火如荼，結果，聯合利華這些肥沃的落花生栽培地，一塊塊被非洲國家沒收，這就使聯合利華公司面臨著極大的危機。這時，經驗豐富的總經理柯爾，親自來到非洲，找些舊友辦理交涉，針對當時非洲民族解放運動日益高漲的實際情況，柯爾對非洲子公司發出了六項指令：第一，非洲各地所有友那蒂特非洲公司系統的高階經理人員，迅速啟用非洲人；第二，原本非洲人與白人在薪水上的差異，即時取消，採取同工同酬的辦法；第三，為了培養非洲籍的幹部，在奈及利亞設立經營幹部培訓所；第四，應採取相互利益的政策；第五，以退讓尋找生存之道；第六，不拘束於體面問題，應以創造最大利益為要務。

上述六項，似乎是妥協退讓，示弱於人的下策，但後來的事實證明，柯爾不僅沒有受到任何損失，反而獲得了極大的利益。

柯爾在與迦納政府交涉中，為了表示尊重對方的利益，主動把自己的栽培地提供給迦納政府，這就獲得了迦納政府對他的好感，後來，迦納政府為了報答他，指定聯合利華公司為迦納政府食用油原料的買賣代理人，這就使柯爾在迦納獨占專利權。

在與幾內亞政府的交涉中，柯爾表示自行撤出公司，這種坦誠的態度反而使幾內亞政府受到感動，因而願意挽留柯爾的公司，希望它繼續存在。除此之外，柯爾在非洲各地都採用了退讓的策略，也獲得了不同程度的利益。

柯爾「委曲求全」的策略，使他在非洲獨立運動的高潮中沒有受到任何影響，而且獲得了巨大的利益。所以，也難怪老子會說，「委曲求全」怎麼能是空話呢？它完全是能夠達到的事情。

斷章取義：

　　對於弱小的個人來說，要想在各種壓力下求生存，就必須「委曲求全」，壓制自己的欲望和意志，以求自保。實踐證明，能屈能伸能識時務的人，在競爭的過程中，總能求得最大的生存空間。

第 23 章 人無信不立

■ 原文

希言自然。

飄風不終朝，驟雨不終日。

孰為此者？天地。天地尚不能久，而況於人乎？

故從事於道者，同於道；德者，同於德；失者，同於失。

同於道者，道亦樂得之；同於德者，德亦樂失之；同於失者，失亦樂失之。

信不足焉，有不信焉。

■ 譯文

要少言施政，順從於自然。

狂風不會颳一整天，暴雨不會下一整日。

誰能這樣做呢？是天地。天地的狂暴尚且不能令其永恆不變，又何況是
人呢？

所以，按大道行事的人，自然與「道」結為一體；為道德修養而努力的人，
自然就與「德」結為一體；與道德相失的人，自然就把道德丟失了。

按「道」行事的，大道也容易接受他；為道德努力的人，道德也樂於得
到他；與道德相失的人，就什麼也容易失去。

統治者的誠信不足，百姓自然不會相信他。

■ 必修學分：人無信不立

這一章，老子接續上一章「道」與「德」講起，論證了人必須順應「道」，
合乎「德」，才能順應自然，沒有災禍，並因此得益。

老子告訴我們，天與地也不能違背自然之道的規律，天與地尚且如此，更何況是人？

只有我們人類按大「道」去行事，才能與「道」合為一體；為「德」去努力，才能與「德」融為一身，得「道」有「德」之人，自然不會導致痛苦和災難。

上面所說的規律，是真理。由此可見，「道」與「德」中有「信」，正是由於有「信」，所以「道」與「德」才會為萬物做證明。

按照老子所說：「信」彷彿就是道德的標誌，正如古人所說「德無信不行，人無信不立」。事實也的確如此，你答應了別人什麼事情，對方自然會指望著你；一旦別人發現你開的是「空頭支票」，說話不算話，就會產生強烈的反感。「空頭支票」不僅僅增添了他人的無謂麻煩，而且也損害了自己的名譽。對別人委託的事情既要盡心盡力地去做，又不要應承自己根本力所不及的事情。華盛頓曾說過：「一定要信守諾言，不要去做力所不及的事情。」這位先賢告誡他人，因承擔一些力所不及的工作，或為譁眾取寵而輕諾別人，結果卻不能如約履行，是很容易失去依賴的。

在人與人的交往中，華人歷來把信用、信義看得很重要。

孔子說：「與朋友交而不信乎？」墨子說：「志不強者智不達，言不信者行不果。」還有「一諾千金」、「一言既出，駟馬難追」等都是強調一個「信」字。清代顧炎武更是以「生來一諾比黃金，哪肯風塵負此心」表達了自己堅守信用的處世態度。因此，中國人歷來把守信做為為人處世，齊家治國的基本品質，言必行，行必果。自古以來，人們便歡迎和讚頌講信用的人，而反責和唾罵無信用的人。李白曾在他的《長干行》中寫道：「常存抱柱信，豈上望夫台。」

所謂「抱柱信」，是說一個叫尾生的男子和一個女子在橋下約會，女子沒有來，河水就漲了。尾生為不失信用，還是不走，女子還沒有來，尾生就抱住橋柱，一直到被水淹死。誠然，尾生的行為有些過於迂腐拘泥，但是我們卻稱頌他表現出的守信精神。

　　只有守信，才會有人信任你。只有做到一諾千金，你的事業才會蒸蒸日上。也只有信守，你才能有「道」、有「德」，才會少有災禍，而多有得益。

斷章取義：

　　言必有信是做人的起碼準則，無論是在生活還是工作中，不誠實守信，都將被人們所唾棄。誠信是一種美德，更是一種品質。養成誠信的習慣，是為人處世的基礎，是我們成大業必備的要求之一。

第 24 章 戒除虛榮之心

■ 原文

企者不立，跨者不行；自見者不明，自是者不彰；自伐者無功，自矜者不長。

其於道也，曰餘食贅行。

物或惡之，故有道者不處也。

■ 譯文

用腳尖站立，是站不住腳的；用跨步前行，是行不遠的。

只看見自己的人，眼光不會明亮，自以為是的人就會是非不明；自我誇耀的人，反而不得功勞，自高自大的人就不會長久。

從大道的角度來看，以上這些都是殘羹贅疣，是渣滓、是毒瘤。

是人們最厭惡的東西，所以有道之人是不會做這些事的。

■ 必修學分：戒除虛榮之心

上一章，老子講述了合「道」與違「道」的區別，本章，老子又接著講了不合「道」的結果。通篇都有勸人戒除虛榮之心的思想。

老子首先提出「企者不立，跨者不行。」正是由於人有了虛榮之心，於是便太過於關注自己的態度，如用腳尖站立，如用跨步行走，都顯得急切、急功近利了。

如此便是與「道」相背離，所以不會有好的結果，站不牢靠，行不長久。

接著，老子具體地指出了我們人類中被虛榮之心占據的四種人：「自見者」、「自是者」、「自伐者」、「自矜者」，即那自以為高明、自以為是、自吹自擂、妄自尊大的人。這樣的人只能是走向自己的反面，結果是想得到卻什麼也得不到。在這裡老子用殘羹贅疣、渣滓、毒瘤來形容這樣的行為。

老子對這種違背「道」的虛榮之心是深惡痛絕的，其思想得到了今人的肯定，巴爾札克說：「許多虛偽的人用粗暴掩飾他們的平庸；你碰撞他們一下吧，他們就像用別針刺氣球一樣，癟了。」培根說：「自誇自賞為明智者所避免，為愚者所追求。」

但在我們的生活中，仍有不少喜歡賣弄自我、自以為是者。可以這樣說，愛慕虛榮是一種腐蝕人類心靈的通病，沒有人在一生中能完全不受它的影響。它使人變得自負，自以為了不起，有些人私底下常常十分無奈，但還是拚命想出風頭，結果什麼也得不到。一旦真相大白，他們便無地自容，失去信心，到頭來，虛榮帶給他們的只有失敗。

其實，貪圖虛榮的人是在玩一種注定要失敗的遊戲，他們將自己變成了一個固執己見的人，到最後處處碰壁，夜不能寐。

虛榮之心違背「道」之規律，應為我們每一個人所警惕，由此，讓我們牢記一句金玉良言：「一個真正偉大的人是從不關注自己的名譽」，並保持這樣的態度。

斷章取義：

虛榮是建築在沙漠上的華廈；務虛名者，招災禍；好虛名者，必多怨；膨脹過分是欺騙；虛榮是驕矜的食物，輕蔑則是它的飲料；虛榮成侈靡，浮華生貪婪……應為虛榮者戒啊！

第 25 章 師法自然，可以成「道」

■ 原文

有物混成，先天地生。

寂兮寥兮，獨立而不改，周行而不殆，可以為天下母。

吾不知其名，字之曰道，強為之名曰大。

大曰逝，逝曰遠，遠曰反。

故道大、天大、地大、人亦大。

域中有四大，而王居其一焉。

人法地，地法天，天法道，道法自然。

■ 譯文

有一個渾然一體的東西，在天地之先早已存在了。

它無聲啊、無形啊，獨立長存而永不衰竭，反覆運行而不停止，可以看作是生育天地的母親。

我不知道它叫什麼名字，勉強起名叫做「道」吧，再勉強形容它叫做「大」。

它廣大無邊，川流不息，川流不息而伸展遙遠，伸展遙遠而返回本初。所以說「道」是很大的，天地人的發展都在它的運行之中。

宇宙中有四大運行體（道、天、地、人），而君王只是其中之一啊（屬於人）！

人要效法大地，大地應效法天，天應效法於大道，大道則效法於自然。

■ 必修學分：師法自然，可以成「道」

在本章中，老子發現了宇宙中間的廣大空間，有四種能量巨大的東西，於是，他做出了「道大、天大、地大、人亦大」的新排列。與以往的認知完全不同的是，老子在此居然把傳統的關於鬼神的巨大影響力都排除在外，以「道」取代了鬼神。在此基礎上，他進一步提出了「人法地，地法天，天法道，道法自然」的宇宙新法則，這使老子的「道」在思辨的基礎上，切實地契合到了人生之中。

而這「人法地，地法天，天法道，道法自然」的思想，也正是本章我們所要特別注意的。目前人類所能達到的最高智慧就是師法自然，而不是自以為是。

老子這句最著名的話有兩解：

（一）「法」就是師法，就是某物向某物學習。人向地學習，地向天學習，天向道學習，道向自然學習。

（二）「法」就是被法約束，即臣服、被統治。人被地統治，地被天統治，天被道統治，道被自然統治。自然是一切的生母，它管理一切。

以上兩解的第一層意思是「師法自然」。

第二層意思是「臣服自然」。

關於師法自然，人類比較容易接受。

至於臣服自然，很多人就不能接受了。反叛者一聽「臣服」兩個字，就要跳起來大叫：「我反叛！我反叛！我反叛！」著名作家王少農還專門就此寫了一本名叫《弒神論》的哲學書。所謂「弒神」就是對神的反叛。他寫道：「從弒君到弒神，人類憑反叛獲得解放。」

理論上是通的，但細想不可能。人如何能弒神成功？

弒神者最終歸於神的懷抱，說人定勝天的人還必須靠天吃飯，說過要走出森林的人類如今已感到回歸自然的緊迫性。

回歸自然，說白了就是臣服於自然，甘心做自然的奴隸。「甘心做奴隸？」這個說法又讓人受不了，但說白了就是那麼一回事。人要聽自然的話，無條件地遵循一切的自然規律，這不是做奴隸是什麼？

小時候父母強烈要求我們聽話，長大了國家社會強烈要求我們守法，一旦人違反這些規定，就會面臨可怕的懲罰。當然，有的家庭與國家社會是開明而民主的，但這絲毫不能掩蓋一方要另一方「聽話」的事實。

很多人因此想不通，走上了極端。其實事情雖然嚴重，但問題不在於誰統治誰，而在於大家都做了些什麼。

古希臘哲學家第歐根尼，有一回在海上行船，被海盜俘虜並被賣作奴隸。人們問他能做什麼？他說能「治理人」。第歐根尼讓叫賣者喊：「誰願意買一個主人？」一個叫塞尼亞德的富人買了他，做兒子的家庭教師。塞尼亞德非常尊重第歐根尼，常常說：「一個傑出的天才走進了我的家門。」

朋友們終於打聽到了第歐根尼的下落，趕來要為他贖身。第歐根尼卻阻止了他們，說：「做為哲人，即使我身為奴隸，也是他人的自然統治者，就像醫生為病人服務，卻是病人的導師一樣。」

第歐根尼這個故事，正好說明了兩個寶貴的道理：

（一）奴隸可以是主人的主人。

（二）做一個治理人的奴隸，當然要好於做一個被治理的主人。

這兩個道理看起來相當怪，細想來是那麼回事。第歐根尼是奴隸沒錯，但他是主人家的家庭教師，一開始時教孩子，慢慢地全家人都聽他的教誨。就這樣，奴隸成了主人的主人。

這種角色的轉變與雙重性是雙方都覺察到的，但雙方都能接受，因為第歐根尼確實是個導師。他不在導師的位置做導師，而是在奴隸的位置做導師，這就反映了人類對智慧的天生依賴，並不因地位的顛倒而顛倒，而因智者的引導而引導。

警察要滅黑社會，常去請教監獄裡的老犯人。

中國古代的聖人，最大理想是做帝王師，就是為了透過做奴隸，去做主人的主人。

老子說「道法自然」，包含一個重要的思想：

人類只有做好自然的奴隸，才能做好自然的主人。

也就是說：誰有「道」，誰就是主人，誰就能成功。當千鈞一髮之際，誰能明白一些簡單的道理，就可以反敗為勝。

「臣服於自然」，最終為「自然之主」，這就是人類應有的智慧。

老子非常道就是老子自然道，它都強調了一個轉換的問題。這種轉換不是憑空的，而是像第歐根尼一樣實實在在地做好分內之事。

所謂分內之事也不是天生的，而是從分外劃進分內。所有的工作都是找來的，人類不斷地學習與工作，會發現「道」在長大，手中的分內之事越來越多，作用越來越大。

成就這一切的當然是學習，向自然學習。

透過「臣服於自然」，最終為「自然之主」，基礎當然是「師法自然」。

古希臘哲學家德謨克利特，常常坐在石階上觀賞螞蟻和牧羊犬。有人問他為什麼對自然之物有那麼大的興趣？德謨克利特說：「所有人都是自然的學生，智者更不例外。我們從蜘蛛身上學會了紡織，從燕子身上學會了建築，從百靈鳥身上學會了歌唱。」

那麼，我們當好了自然的學生，將來可以當自然的老師嗎？回答也是肯定的。當然，我們當不了大自然的老師，但可以當小自然的老師，「小自然」就是人類社會。

所謂「師法自然，可以成『道』」，就是這個意思。

斷章取義：

目前人類所能達到的最高智慧就是師法自然，而不是自以為是。我們只有當好了自然的學生，我們才能運用從自然中學到的知識，去改變我們的生活，而在改變的同時，我們在不知不覺中也成了老師，人類社會的老師。

第 26 章 做事切忌輕浮、狂躁

■ 原文

重為輕根,靜為躁君。

是以聖人終日行,不離輜重。

雖有榮觀,燕處超然。

奈何萬乘之主,而以身輕天下?

輕則失臣,躁則失君。

■ 譯文

穩重則是輕浮的控制者,清靜則是躁動的制服者。

因此聖人整天行事,卻不輕舉妄動,處處穩重。

雖然居處在高聳的樓亭,但卻也沉靜超然。

為什麼做為身率萬乘的君主,卻以輕浮的態度對待天下大事呢?

輕浮就會失掉根基,躁動就會喪失君位。

■ 必修學分:做事切忌輕浮、狂躁

上一章,老子告訴我們人應效法自然,既效法自然,自然對人必有約束的作用,於是本章便具體地講述了自然的約束力。

老子崇尚穩重、沉靜,而排斥輕浮、狂躁,認為前者才是自然之道,後者違背了自然之道,應加以摒棄。

其實,老子的思想並不難懂。就自然界的現象看,無邊無際的天宇因其高遠而達成穩重,遼闊蒼茫的大地因其厚重而達成穩定,一座高山因其龐大而達成穩定,一塊巨石因其沉重而亦能達成穩定;而天上的遊雲,儘管可以

一時地遮天蔽日，卻因其輕飄而轉瞬即逝；至於風雨來勢洶洶，亦因其輕飄而終不能長久。

所以老子說，得「道」的聖人行事，雖有美麗和華彩的樓亭，但他們卻絲毫沒有因此而輕浮狂躁、自以為是，始終安靜地生活。聖人治理天下，更是如此謹慎地待之，從不敢輕率行事。反之，輕浮就會失掉根基，躁動就會喪失君位。

老子本章給了我們一個極其深刻的提醒，告誡我們無論做什麼事，要保持冷靜，從容鎮定，不要急急忙忙，心慌意亂。要知道「性急吃不了熱豆腐」，急切慌亂不但解決不了問題，還會更加拖延時間，忙中出錯。雖然這些事在一定的方面上決定了一個人的性格，但也反映了一個人的涵養。

《晏子春秋》中有一則關於「臨難鑄兵」的故事：

很久以前，魯昭公亡命於齊。一日，齊景公問昭公說：「你年紀輕輕就即位，即位沒幾天就亡命於他國，到底是怎麼回事呢？」

昭公回答說：「我一向受眾人喜愛，但是，現在喜愛我的人都離我遠去。因為，他們都曾極力勸諫過我，而我只當耳邊風，不認真聽；聽了，也是敷衍，不去付諸行動。結果，周圍只剩下逢迎拍馬、脅肩諂笑之輩，而沒有一個真正關心我的人了。我的情形就如同一棵秋草，當秋風勁吹時，我就不堪其力而折斷了。」

齊景公將這些話傳給後來升為宰相的晏嬰，並問：「我想竭一己之力助昭公返回王位，該如何是好？」

晏嬰回答：「這是不可能的。失敗了才知道後悔的人，是愚蠢的人。比如，走路事先不知問路而隨意走動，迷了路才向別人打聽；過河不知事前測量水的深淺，溺水後才後悔不迭。這就像遇到強敵了呀！」

有人說「邊做邊想」、「先做了再說」，看起來是積極的態度，但，不加運籌的行動，實際的效果常以失敗告終。

「養兵千日，用在一時」、「有備無患」的道理，是否能告誡那些急躁的朋友們呢？

走出心性的急躁，你就會沐浴溫暖和煦的春風。

斷章取義：

人不能心浮氣躁，靜不下心做事，將會一事無成。荀況在《勸學》中說：「蚯蚓沒有銳利的爪牙、強壯的筋骨，但卻能夠吃到地面上的黃土，往下能喝到地底的泉水，原因是牠用心專一。螃蟹有六隻腳和兩個大鉗子，牠不靠蛇鱔的洞穴，就沒有寄居的地方，原因就在於牠浮躁而不專心。」輕浮、急躁，對什麼事都深入不了，往往只知其一，不究其二，只會帶來損失，以失敗而告終了。

第 27 章 借鑑別人的成功祕訣

■ 原文

善行無轍跡，善言無瑕讁，善數不用籌策；善閉無關楗而不可開，善結無繩約而不可解。

是以聖人常善救人，故無棄人；常善救物，故無棄物。是謂襲明。

故善人者，不善人之師；不善人者，善人之資。

不貴其師，不愛其資，雖智大迷，是謂要妙。

■ 譯文

善於行動的人，其行為無跡可尋，善於言語的人，其言語無懈可擊，善於計算的人，其計算不用籌碼，而能正確無誤；善於關閉的人，其關閉不用門閂別人卻不能開，善於捆綁的人，其捆綁不用繩索而固不可解。

因此，聖人善於救助人民，所以沒有被遺棄的人；善於利用萬物，所以沒有被廢棄之物。這就叫做暗中之明。

所以，善人是不善之人的老師；而不善之人是善人借鑑的對象（反面教材）。

不尊重自己的老師，不珍惜自己的借鑑，即使是個有智慧的人，但也只能算是不明真理的糊塗之人，這就是奧妙之所在。

■ 必修學分：借鑑別人成功的祕訣

本章，老子沿著「道」的理論，進一步提出了人們應該怎樣展開自己的行動。

老子提出了五善，就是講要順其自然；無行之行，自然沒有轍跡，無言之言，自然沒有瑕疵，無數之數，自然不可籌策，無閉之閉，自然不用關鍵而不可開，無繩之繩，自然不用約束而不可解。這五種行為，正是由於行動

之人，本身已沒了分別心，所以才能順其自然而遊刃有餘。這一思想是老子一貫的主張，不過此處老子又深化了一層，提出了另一指導人們得「道」、善行的途徑──不善之人應以善人為師，善人應以不善之人為借鑑。

用現代人的話來說，老子教我們，要想得「道」，讓自己行善，則必須做到：離「道」之人向得「道」之人學習，而得「道」之人則以離「道」之人為戒，以防止自己遠離大道，如此方能達到同「道」的目的。

老子在這裡是提倡一種向別人學習的精神，學習別人的長處，以別人的短處為戒，此點對於任何一個追求成功的人來說，很是重要。

學習別人的長處，是成功的重要祕訣。

有些人之所以能達到目標，乃是窮多年之功，歷經無數的失敗，才找出一套特別之道。你只要走進使他們成功的經驗中，也許用不了多久，就可以達到像他們那樣的成就。

拿破崙希爾在成功之前，曾利用二十年的時間幫助鋼鐵大王卡內基工作，這期間他一分錢的報酬也沒有，在幫助卡內基的同時，也幫助了他自己──他本人在成功學研究上獲得巨大的成功。

但也要注意的是，沒有自己的東西，只能永遠跟在別人的後面亦步亦趨，始終無法趕上別人，更不用說超越了。這就需要從別人的短處去取得成功，不但要警惕別人的短處，以防自己深陷其中，更高明的，就是利用別人的短處來成全自己。

斷章取義：

一說起借鑑，有人就會援引「東施效顰」、「邯鄲學步」的典故，把借鑑貶得一無是處，他們說：「為什麼要借鑑、模仿別人呢？要成功就要拿出自己的一套來！」這話聽起來很豪壯、殊不知，若沒有「東施效顰」的勇氣，沒有「邯鄲學步」的追求，連模仿也沒有，更談不上借鑑，而離開了模仿和借鑑，又何來創造呢？

第 28 章 職場中以退為進的策略

■ 原文

知其雄，守其雌，為天下溪。

為天下溪，常德不離，復歸於嬰兒。

知其白，守其黑，為天下式。

為天下式，常德不忒，復歸於無極。

知其榮，守其辱，為天下谷。

為天下谷，常德乃足，復歸於樸。

樸散則為器，聖人用之，則為官長，故大制不割。

■ 譯文

深知自身剛強，卻安於柔弱的德行，甘做天下的溪谷。

甘做天下的溪谷，永恆的德就不會失去，就像回復到嬰兒那樣柔和。

深知自身的清白，卻堅守自身的暗昧，就可以成為天下的範式。

成為天下的範式，永恆的德就不會出差錯，再次回到宇宙的初始。

深知自己的榮耀，卻願守卑下、恥辱，甘做天下的山谷。

甘做天下的山谷，永恆的德才會充足，而回歸渾厚樸實。

渾樸化而為自然大道，聖人就可以依靠它成為領導者，所以，完善的統治制度就不可以勉強去分割。

■ 必修學分：職場中以退為進的策略

在本章，老子為我們講述了回歸自然的道路。因為我們人類為了認識自然之道的規律，建立起了許多相對的概念和範疇（這一點在第二章中有明顯的體現），如此，我們便無法安寧地進入無為的狀態，與大道融為一體了。

不過本章，老子向我們提出了一種方法，那就是認識矛盾的兩個方面，利用矛盾相互轉化的特點，抓住那不利的一面，自然就會轉為那有利的一面了。

老子告訴我們：「知雄守雌」便可「復歸於嬰兒」，「知白守黑」便可「復歸於無極」，「知榮守辱」便可「復歸於樸」，前者是守「道」的行為，後者是得「道」的表現。

老子這種守雌、守黑、守辱的觀點，在今日是仁者見仁，智者見智，所以我們不能一概而論，但可以肯定的是，老子的這些觀點，在現代也有其可行的一面，如將其用於職場中，也是一種很高明的處世智慧。

如果你是一位主管，守雌、守黑、守辱的做法，可以幫助你大大地消除下屬的警戒心和恐懼感，甚至可以就此樹立起你的威信。

有一位某企業的總經理，曾擔任過該企業的會計部部長。在就職時的致辭中，他說了如下的話：「我不擅長電腦統計之類的工作，因此，我希望諸位能助我一臂之力。」他的這番言詞，頓時化解了部下心中的恐懼感，拉近了他們之間的心理距離。

然而，當部屬將草擬的文件報告交予他審理時，他就以不經意的態度提醒對方「這數字好像有錯誤」。就這樣，經過兩三次的指正，大家會驚訝地認為：「你看我們的頭頭，別看就職時說自己什麼都不懂，其實他什麼都懂得，比我們可強多了。」在不長時間的接觸中，員工們對他的信賴感，就自然而然地產生了。

可見，要使別人對你放鬆警惕，產生親密之感，只要你能很巧妙地在他人面前，暴露某些無關痛癢的缺點，就可收到不錯的效果。尤其是那些社會地位高、權勢大的人這樣做，所收到的效果就更為顯著、更為理想。

如果你是一位下屬，此種處世態度也很有好處。

任何領導者都有獲得威信的需要，不希望部屬超越並取代自己。因此，在人事調動時，如果某個優秀、有實力的人被指派到自己手下，難免就會憂

心忡忡，因為擔心某一天對方會搶了自己的權位。相反，若是派一位平庸無奇的人到自己手下，便可高枕無憂了。

因而，聰明的下屬總會想方設法掩飾自己的實力，以假裝的愚笨來反襯上級的高明，力圖以此獲得上級的青睞與賞識。當上級闡述某種觀點後，他會裝出恍然大悟的樣子，並且帶頭叫好；當他對某項工作有了好的可行的辦法後，不是直接發表意見，而是在私下裡或用暗示等辦法，及時告知上級，同時，再拋出與之相左的，甚至很「愚蠢」的意見。久而久之，儘管在群眾中形象不佳，有點「弱智」，但上級卻倍加欣賞，對其青睞有加。

在更多的時候，上司需要並提拔那些忠誠可靠、但表現並不是怎麼出眾的下屬，因為他認為這會更有利於他的事業。

所以，善於處世的人，常常故意在明顯的地方留一點點瑕疵，讓人一眼就看見，「連這麼簡單的都搞錯了。」這樣一來，儘管你出人頭地，別人也不會對你敬而遠之，他一旦發現「原來你也有錯」的時候，反而會縮短與你之間的距離。

斷章取義：

「虛心竹有下垂葉，傲寒梅無仰面花。」從對人生的態度來看，退卻有時也是一種進攻的策略。現代社會中，以退為進來表現自我，也不失為一種良好的方法。先退一步，可使自己處於比較有利有理的地位。而待時機成熟，便可以退為進，成功地達到自己的目的。

第 29 章 道德經教你如何面對選擇

■ 原文

將欲取天下而為之，吾見其不得已。

天下神器，不可為也，不可執也。

為者敗之，執者失之。

是以聖人無為，故無敗；無執，故無失。

故物或行或隨，或歔或吹，或強或羸，或載或隳。

是以聖人去甚，去奢，去泰。

■ 譯文

想要奪取天下而去主觀地加以人為的措施，我看是不會有什麼好結果的。

天下（人類社會）是大自然神聖的產物，是不能憑主觀意願去改造的。硬要這樣做，必敗，堅持執行改造的人就會失去它。

強行作為的人必敗，強行把持的人必失。因此聖人無所作為，所以他就不會失敗；聖人不強行把持，所以他就不會失去。

因為萬物都有自己發展的規律，有前行必有後隨，有吸入必有呼出，有強盛必有衰弱，有上升必有跌落。

所以，聖人總是避免使自己有過分、奢侈、過泰的欲望，而使自己始終保持中和無欲。

■ 必修學分：道德經教你如何面對選擇

本章，老子講述的是聖人治國的思想，主張只有採取無為而治，一切順其自然，才能將國家治理好。

但天下的百姓眾多，各人秉性、愛好不一，如有人喜歡走在人前，有人卻喜歡跟在人後；有人性情溫和，有人卻性情剛烈；有人剛強好鬥，有人卻贏弱好欺；有人喜歡安靜，有人卻喜歡冒險。那統治者又該如何治理呢？

老子認為，仍然需要那無為而治的方法，一切順其自然；聖人要做的事情，就是把那些極端的事情去掉，把那些奢侈的東西去掉，把那些過分的行為去掉，如此便可天下太平了。

從老子本章思想中去體會立身處世的原理，老子是在指導我們該如何去面對選擇，這就需要我們「去甚」、「去奢」、「去泰」，這樣才能順從自然的規律，而不會產生壞的結果。

事實也的確如此，面對生活，我們必須做出正確的選擇。當然我們可以選擇爭、選擇鬥，結果可能成功，但必然也會因此而失去什麼，可能是友誼，也可能是尊嚴，或者其他的東西。另一方面，我們可以選擇忍，選擇吃虧，以換得大家的和平相處。也許，我們會失去一些什麼，但卻得到了大家的尊重。如此一比較，便可見選擇的重要性。

現如今，生活條件好了，我們可選擇的東西多了。在這種情況下，我們更應學會「去甚」、「去奢」、「去泰」，就像某一位同學看了《道德經》本章後所說：

近來，我特別熱衷於上網聊天，一有時間就玩。現在都快期末了，考試一科接一科，我總有一種忙不過來的感覺。於是乾脆不忙了，整天去上網。這樣做的結果是功課退步不少，空度不少光陰，於是，我靜心坐下來，拿起《道德經》翻了一翻。看到這一篇之後，回想起平時自己的所作所為，我猛然醒悟過來，不能再如此下去了，我得做出選擇：複習功課，抑或上網？冷靜權衡之後，我決定選擇前者。我慶幸自己沒完全被誘惑所俘虜，做出了一次正確的選擇。

人生就是選擇，每走一步，都是一次選擇。選擇奉獻，可以做一個好官，對得起老百姓，選擇私情，親朋歡心，自己良心難安；選擇忍讓，將是海闊天空，選擇爭鬥，矛盾糾紛不斷；選擇堅持，痛苦將與幸福並存，選擇退縮，

每天都會沉陷於痛苦的深淵之中，選擇節儉，做一個好的接班人，選擇安逸，做一個千古罪人⋯⋯選擇是痛苦的，人生卻總是要求我們選擇。「故物或行或隨，或歔或吹，或強或羸，或載或隳。是以聖人去甚，去奢，去泰。」《道德經》教導我們要學會面對選擇，教導我們要像聖人治理國家那樣來治理自己的心靈和身體，把一切極端、奢侈、過分的東西都去除，這樣我們自己就會平安、幸福的生活，而我們的社會也會安定、繁榮。

斷章取義：

有選擇就有放棄，放棄，對每一個人來說，都有一個痛苦的過程，因為放棄意味著可能永遠不再擁有。但是，不會放棄，想擁有一切，最終你將一無所有，這是生命的無奈之處。如果你不放棄眼前的熱烈，就無法享受花前月下的溫馨⋯⋯人生如戲，每個人都是自己生命的唯一導演，我們只有學會選擇，才能徹悟人生，讓自己擁有一片更加廣闊的天地。

第 30 章 得意之時莫忘回頭

■ 原文

以道佐人主者，不以兵強天下，其事好還。

師之所處，荊棘生焉；大軍之後，必有凶年。

善有果而已，不敢以取強。

果而勿矜，果而勿伐，果而勿驕，果而不得已，果而勿強。

物壯則老，是謂不道，不道早已。

■ 譯文

用「道」輔佐君主的人，不以兵力稱強於天下，用兵這件事會得到報應的。

軍隊住過的地方，會長滿荊棘野草。大戰之後，田地荒蕪，必是荒年。

善於用兵的人，只要達到策略目的就會罷手，絕不敢長久地霸道逞強。

戰勝而不自滿，戰勝而不自驕，戰勝而不自豪，動用武力來達到目的是不得已而為之，勝了就要懂得適可而止，切忌繼續逞強。

事物達到了強盛的極點，就會逐漸衰弱，這就是違反了「道」的原理，會很快地滅亡。

■ 必修學分：得意之時莫忘回頭

老子在上一章講述了君主應如何治理國家，本章，老子接續上一章講述如何輔佐君主用兵。

老子反對戰爭，描述了種種戰爭的危害，主張用兵之人「不以兵強天下」。而事實的矛盾是，一個國家不可能沒有軍隊；有軍隊，這是因為有戰爭發生的可能，所以老子又退一步提出，軍隊和戰爭只是為了保證國家、人民的安全和政治的正常運行。所以，為不得已而為之，一旦發生了戰爭，應

遵循的原則是：不自滿、不自驕、不自豪。為什麼這樣說呢？老子告訴我們，這是「道」的原理，事物強盛到了極點，就會逐漸衰弱了。

本章在老子的話語中，完全透露著勸人得意之時莫忘了回頭的意圖，這正是我們需要注意的。世事如浮雲，瞬息萬變，但世事也並非無章可循，而是物極必反，循環往復。

中國人常說：「做人不要做絕，說話不要說盡。」廉頗做人太絕，不得不肉袒負荊，登門向藺相如謝罪。鄭伯說話太盡，無奈何掘地及泉，遂而見母。故俗言道：「凡事留一線，日後好見面。」凡事都能留有餘地，方可避免走向極端。特別在權衡進退得失的時候，務必注意適可而止，儘量做到見好便收。

一個聰明的女人懂得適度地打扮自己，一個成熟的男子知道恰當地表現自己。美酒飲到微醉處，好花看到半開時。明人許相卿說「富貴怕見花開」，此語殊有意味。「言已開則謝，適可喜正可懼。」做人要有一種自惕惕人的心情，得意時莫忘回頭，著手處當留餘步。此所謂「知足常足，終身不辱。知止常止，終身不齒」。宋人李若拙因仕海沉浮，作《五知先生傳》，謂做人當知時、知難、知命、知返、知足，時人以為智見。反其道而行，結果必適得其反。君子好名，小人愛利，人一旦為名利驅使，往往身不由己，只知進，不知返。尤其在中國古代的政治生活中，不懂得適可而止，見好便收，無疑是臨淵縱馬。中國的君王，大多數可與同患，難與處安。所以做臣下的，在大名之下往往難以久居。故，老子早就有言在先：「功成，名遂，身退。」范蠡乘舟浮海，得以終身；文種不聽勸告，飲劍自盡。此二人，足以令中國歷史官宦引以為戒。不過，人的不幸往往就是「不識廬山真面目」。

任何人不可能一生總是春風得意。人生最風光、最美妙的，往往是最短暫的。俗言道：「人無千日好，花無百日紅。」就像打牌一樣，一個人不可能總是順手，一副好牌之後，往往就是壞牌的開始。所以，見好就收便是最大的贏家。世故如此，人情也是一樣。與人相交，不論是同性知己還是異性朋友，都要有適可而止的心情。君子之交淡如水，既可避免勢盡人疏、利盡人散的結局，同時，友誼也只有在平淡中，方能見出真情。越是形影不離的

朋友，越容易反目為仇。因此，古人告誡說：「受恩深處宜先退，得意濃時便可休。」即使是恩愛夫妻，天長日久的耳鬢廝磨，也會有愛老情衰的一天。北宋詞人秦觀所謂「兩情若是久長時，又豈在朝朝暮暮」，這不只是勞燕兩地的分居夫妻之心理安慰，更應為終日廝守的男女情侶之醒世忠告。

斷章取義：

《周易復卦象辭》說：「復其見天地之心乎！」、「日盈則昃，日盈則食」，智者從週而復始的自然變化中得到心靈的啟示：「無平不陂，無往不復。」老子要言不煩地概括為：「反者道之動。」人生變故，猶如水流，事盛則衰，物極必反。過猶不及，不及是大錯，太過是大惡，恰到好處的是不偏不倚的中和。

第 31 章 不以武力來解決問題

■ 原文

夫兵者不祥之器，物或惡之，故有道者不處。

君子居則貴左，用兵則貴右。

兵者不祥之器，非君子之器。

不得已而用之，恬淡為上。

勝而不美，而美之者，是樂殺人。

夫樂殺人者，則不可以得志於天下矣。

吉事尚左，凶事尚右。

偏將軍居左，上將軍居右，言以喪禮處之。

殺人之眾，以悲哀泣之；戰勝，以喪禮處之。

■ 譯文

兵器是不吉祥的東西，是戰爭的禍端，為人類所厭惡，所以遵循大道的人是不會使用它的。

君子平時以左（「左」代表「生」）為貴，用兵之人則以右（「右」為「殺」）為貴。

兵器是不吉祥的東西，不是君子所用的東西。

只是到了不得已的時候才使用它，使用它時，平靜不爭是最好。

即使是戰勝了，也不要讚美它，如果對此大加讚美，則表示喜歡以殺人為樂。

以殺人為樂的人，是不可以實現其志於天下的。

吉祥之事以左為上位，戰時及喪事以右為上位。

偏將軍居左，上將軍居右，就是說以喪事的儀式來對待戰爭。

殺人眾多，哀痛而泣；戰勝之後，對待死亡的人，也要用禮儀去追悼他們。

■ 必修學分：不以武力來解決問題

本章緊接著上一章談兵事。上一章中，老子提出了「不以兵強天下」的主張，本章，老子又表達了同樣的思想——「兵者不祥之器」。

兵器是戰爭的禍端，無論是正義之戰，還是非正義之戰，其結果都是凶事，故，老子有兵器是不祥之物的言論。

與上一章相同，老子並不贊成用武力來解決問題，武力只會帶來不好的結果，國與國之間動用武力，就會死人無數，血流成河；個人與個人之間動用武力，就會矛盾激化，損傷性命。由此可見，我們與人相處，應儘量避免與人動用武力。

其實這麼做並不難，只要你不與別人發生正面衝突就可以了。

據統計，人與人之間，幾乎所有的動武之事，都是由於矛盾衝突所引起的。因此，社會學家告誡人們，在與人交談的時候，應儘量避免與他人產生正面衝突。如果實在難以迴避的話，則可以運用幽默的手段來進行側面回應。

美國的培基教育機構有一位大名鼎鼎的律師馬塞，是一個善於運用幽默的人。

有一次，他當眾演說時，聽眾中不時有人大聲喊著：「講大聲一點！大聲一點！」起初馬塞還置之不理，但後來實在忍無可忍了，便用很嚴肅的態度對主席說：「主席，你想將來如果有一天，一個天使跑來宣布上帝的命令，說世界已經到了末日時，那些呆子會不會也擠在老遠的聽眾後面，大聲地叫他『說大聲一點』呢？」他這樣一說，那些一味瞎喊的人便立刻安靜下來，於是他得以繼續講完他原來的演說。

還有一次，馬塞在一個大會中演講時，台下有一個愛爾蘭人對他破口大罵，可是他卻若無其事地說：「你儘管罵個痛快吧！因為我正是那個最不懂

會場規矩的人。」這使聽眾們立刻哄堂大笑,並把那個不懂會場規矩的人趕走了。

以上種種,都是我們在日常社交處世中迴避衝突的絕妙辦法,我們不妨學來一用。

沒有衝突,自然沒了矛盾,沒有了引發武力的導火線,由此我們便可以與人和平相處,遠離了戰爭,甚至還成就了一個幽默、睿智的你。

斷章取義:

與人無爭,就能親近於人;與物無爭,就能撫育萬物;與名無爭,名就自動到來;與利無爭,利就聚集而來。禍患的到來,全是爭的結果。而無爭,也就沒有災害。

第 32 章 做人不要太執著於自己的認知

■ 原文

道常無名。

樸雖小，天下不敢臣。

侯王若能守之，萬物將自賓。

天地相合，以降甘露，民莫之令而自均。

始制有名，名亦既有，夫亦將知之，知之可以不殆。

譬道在天下，猶川谷之與江海。

■ 譯文

「道」是永恆的存在，但它又是渾樸而無狀可名的，使人見不到它的真正面貌。

「道」雖是微小而不可見，但天下沒有什麼東西能征服它。

侯王如能堅守住它，萬物就會自然地歸從。

比如，天地間陰陽會合，就會降下滋潤萬物的甘露，人們無須命令它，它自然會下得很均勻。

人為而治就有了名位，但既然有了名位，就要知道它的界限，知道了界限，就不會有什麼危殆。就好比「道」放之於天下，就好像百川歸於大海。

■ 必修學分：做人不要太執著於自己的認知

老子在痛斥了戰爭和戰爭武器造成的惡果之後，在本章繼續闡述了自然之道的偉大功能。老子提出了大道的存在特徵，他說：「道常無名。樸雖小，

天下不敢臣。」大道永遠沒有屬於自己的名字，處於質樸的狀態，它雖並不顯赫，但天下萬物不能使它臣服。

由此聯繫到侯王治理國家，只要侯王能守住「道」的這種狀態，那麼天地萬物就會自然臣服了。不僅如此，就連那天地也會陰陽會合，降下滋潤萬物的甘露，而那人民，侯王則不需要下什麼命令，也就自然平靜和睦、無爭無奪了。

而對於我們普通人，要去守住這種狀態，老子告訴我們一定要注意一個「名」的問題。「名」就是我們認知「道」所設立的概念和名相，是有極大局限的，是產生對立的源頭。但要認識「道」又必須借助「名」，所以，老子的意思是說，既然有了概念和名相，那就不要太分別、太執著於我們的認知。要知道我們的認知是有局限的，所以要適可而止。

對於此點，有人講過一個小故事，聽一聽也許對我們的理解會大有裨益。

天熱了，學校離海不遠，校長把學生帶到海邊去玩。他自己站在水深處，規定學生以他為界，只准在水淺處玩。

小孩都樂瘋了，連極膽小的也下了水，終於，大家都玩得盡興了，學生紛紛上岸。這時，發生了一件事，把校長嚇得目瞪口呆。

原來，那些一二年級的小女孩上到岸來，覺得衣服濕了不舒服，便當眾把衣褲脫了，在那裡擰起水來。光天化日之下，她們竟然圍成了一小圈裸體營。

校長第一個衝動便是想衝上前去喝止——但，好在，憑著一個教育家的直覺，他等了幾秒鐘。這一等，太好了，於是，他發現四下裡其實並沒有任何人在大驚小怪。高年級的同學也沒有人投來異樣的眼光，傻傻的小男生更不知道他們的女同學不夠淑女，海灘上一片天真歡樂。小女孩做的事不曾騷擾任何人，她們很快擰乾了衣服，重新穿上——像船過水無痕，什麼麻煩都沒有留下。

難以想像，如果當時校長一聲吼罵，會給那個快樂的海灘之旅帶來多麼尷尬的陰影。那些小女孩會永遠記得自己當眾丟了醜，而大孩子便學會了鄙視別人的「無行」，並為自己的「有行」而沾沾自喜。

他們是不必擦拭塵埃的，因為他們是大地，塵埃對他們而言是無妨無礙的，他們不必急著學會為禮俗規範而羞慚，他們何必那麼快學會成人社會的瑣碎小節。

其實，生活中許多時候，也正是如此，我們的心中對某事存在了一種固定的認知，往往很難改變，我們甚至會用自己的標準去衡量同樣的事情，此時用老子的話說，就是有了局限，太執著於自己的認知了，這是很不可取的，是錯誤的。更何況，生活中很多事情本無所謂是非，可在心中有了是非的人，眼裡就會生出是非來。

由此可見，做人切忌太執著了自己的認知，因為認知是不完全可信的，有極大主觀意識的。正如我們效法「道」，只有出了「名」的局限效法無名之道，才能像「道」那樣默默無聞遍布天下，像川谷之流源源不斷地注入海洋。

斷章取義：

世界是多樣的，真理是相對的，對一個事物可以從不同的角度來看。做人切忌太執著於自己的認知，應培養自己從理性的角度去思考問題，冷靜地面對一切，你會發現原來一些事本無所謂對錯，甚至不會造成任何的阻礙。

第 33 章 從道德經中學習高明的生存理念

■ 原文

知人者智，自知者明。

勝人者有力，自勝者強。

知足者富，強行者有志。

不失其所者久，死而不亡者壽。

■ 譯文

善於了解別人的人是明智，善於了解自己的人才最聰明。

能夠克制別人的人是有力量，能夠克制自己的人才最強大。

知道滿足的人才能富有，強迫行事的人才最有志向。

不喪失根基的人才能長久，死而不被忘記的人才最長壽。

■ 必修學分：從道德經中學習高明的生存理念

本章，老子延續上一章的內容，繼續發揮自己的理念，乍看起來平淡無奇，但其中蘊涵著深刻的人生道理。老子在此以四組排列來說明自己的觀點，以啟發人們鄭重地對待自己以及自己的行為方式：

（一）「知人者智，自知者明。」

一個人善於了解別人，就是知彼，那就是明智。歷史上此種人很多，諸葛亮就是其中的代表，諸葛亮之所以被認為是有智慧的人，就是因為他善於知人，體現他過人之處很多，如那「智算華容道」的故事，便是最好的證明。

但這還不夠，一個人最重要的是認識自己，就是知己，老子說這樣的人才最聰明。知人難，知己更難。一個人往往只看到自己的優點，不知道自己

的缺點，難以給自己一個正確的評價，要麼自視甚高，目空一切，要麼自視甚低，缺乏自信。自己知道自己的優缺點，才能發揮優點，克服缺點，如此方能不斷完善和發展自己，而做任何事情也少了許多來自自己的人為阻礙。

總之，一個人不光要善於知人，更要善於知己，善於知己的人才是最明智、最有智慧的人。而同時能夠知己知彼的人，就會百戰而不殆了。

（二）「勝人者有力，自勝者強。」

一個能夠戰勝別人，只能說明他有力量，並不能證明他自己真正的強大。一個真正強大的人，是那些能夠戰勝自己的人。能夠自己戰勝自己，戰勝自己的私心欲望，戰勝自己的膽小怕事、貪生怕死，戰勝自己的短視狹隘、斤斤計較，戰勝自己的自高自大、驕傲自滿，戰勝自己的懶惰和不求上進等劣根的人，當然是最有力量的人。吳王夫差戰勝不了自己，被美女、財寶、甜言蜜語所打敗；越王勾踐戰勝了自己，臥薪嘗膽，所以最終打敗吳國，奪回了天下。

（三）「知足者富，強行者有志。」

知足的人才能富有。不知足，就會產生貪欲，欲望達不到，就要爭鬥，就會牢騷滿腹，就會恨蒼天之不公，嘆自己命運之太苦，就會活得空虛、十分痛苦。知足的人，沒有多少欲望，得多、得少一樣高興，順境、逆境一樣快樂，所以永遠富有、永遠快樂。

知足者富有，但只有強迫行事的人才最有志。這似乎不好理解，但只須我們理解何謂強迫行事，也就會豁然開朗了。

所謂強迫行事，就是說在自己私心顯現、欲望很強時戰勝自己。強迫自己不為之所動，在自己怒火中燒時，退一步海闊天空；在自己心灰意冷時，能鼓起勇氣克服困難；在自己洋洋得意時，冷靜下來正確對待自己……總之，是在遇到邪「道」干擾時，要強迫自己不按它的做，這就是強迫行事。

「知足」和「強行」，是相反的態度，卻並不矛盾。知足才會富有，而只有強迫自己按「道」而行，才是真正的有志，這「知足而止」和「強迫而行」的態度都是值得提倡的，而後者應更為我們所注意。

（四）「不失其所者久，死而不亡者壽。」

大樹離不開根本，人類的行為也都不能夠離開根基。如果以人的身體來說，古人不提倡遷徙遂行，認為這是不安定的表現，是所謂的「流離失所」，所以主張找到一個棲身、安定的場所。如果從人的精神和心靈來說，就需要人們找到一個可以寄放、停泊之處，不因層層疊疊的大千世界而目眩神迷。人只有有了棲身、停泊之處，保持住了根本，才能保持長久的生存，而沒有災難。

接著，老子又從反方面提出一種更高明的生存理念，「失其所而長久」即「死而不亡者壽」。老子是告訴我們，真正長壽不死的，便是那些被人們所牢記不忘的東西。一個人的壽命有限，一個人的精神卻是無限的，你為了人類做了貢獻，你被人們永遠記住，你就是長壽，就是永垂不朽。否則，你什麼貢獻也沒有，死去也就死去了，也許剛開始的時候，家人、親戚會傷心，但不久便會被遺忘了。

斷章取義：

老子在本章提出的幾個命題，「知人」與「自知」，「勝人」與「自勝」，「知足」與「強行」，「不失其所」與「死而不亡」，都是十分有意義的，從其中我們可以學習到高明的生存理念，以指導我們的生活。

第 34 章 平淡之中成就偉大

■ 原文

大道泛兮，其可左右！

萬物恃之而生，而不辭，功成不名有。

愛養萬物而不為主，常無欲，可名於小；

萬物歸焉而不為主，可名為大。

是以聖人終不為大，故能成其大。

■ 譯文

大道無所不在，它的恩澤大如海，它的恩澤無所不至。

萬物依賴著它而生，它有功而不自恃，更不占為己有。

撫育萬物而不自以為是萬物之主，永遠沒有私欲，可以說是渺小得很，所以，稱它為「小」；萬物歸依於它而它不做萬物之主，可以說極其偉大，所以稱它為「大」。

正是由於它不自以為大，所以它才是真正的偉大。

■ 必修學分：平淡之中成就偉大

老子在本章，以詩化的語言描寫了「道」的偉大，「大道泛兮，其可左右。」大道無所不在，它的恩澤如海，無所不至。普施於天下，這是「道」的偉大，而「道」更偉大之處，在於「萬物恃之而生，而不辭，功成不名有」。有功而不自恃，更不占為己有。接著老子又進一步將「道」人性化，「愛養萬物而不為主，常無欲，可名於小；萬物歸焉而不為主，可名為大。」從這「小」、「大」之中老子得出了「以其終不自大，故能成其大」的結論。

「小」平淡無奇，「大」偉大，「小」成就了「大」，也就是說，平淡之中往往是偉大的誕生地。

　　郇中建是出版社的編輯，他給人的感覺沉穩、踏實，並不是我們想像中的那種才氣四溢、飛揚灑脫的現代文人。在他那睿智的目光後，隱隱流露了幾許淡泊、幾許超然。

　　研究所畢業後，郇中建到出版社成為了一名編輯。在現今的社會，這該算是一個清貧的職業，而他對這份工作始終是一片痴情，至今保留著學生時代的那份實在。郇中建說：「做一個好編輯，最重要的是看得開，淡泊名利，用一顆超然的心面對各種誘惑，甘心為他人做嫁衣。」編輯工作是一種綜合性的創造性工作，編輯的研究成果和工作成果總是透過別人的成果體現出來的。一部好作品問世時，人們注意到的往往只是封面上作者的名字，有幾人會想到幕後默默辛勞的編輯呢？在商品經濟大潮的衝擊下，要矢志不渝地守著一方精神的淨土，需要多大的定力啊！郇中建大學時的同學，有的從國外載譽歸來，有的已是聲名在外的學者，也有的官運亨通，還有的成為知名商界人士，而他所擁有的只是四十多萬字浸透心血的書稿。面對金錢、名譽和地位，他是淡然的。他說：「人的消費欲望是無限的，但是如果他為自己的消費欲望所支配，那他就不會是一個自由、獨立的人。對我來說，只要對得起自己做的事，在離開工作崗位的時候，回頭看到自己編的書能站得住腳，這就是最大的滿足了。更何況，編輯工作本身就能為我帶來極大的快樂。」

　　他熱愛自己的工作，雖然平淡，但精神是偉大的。他說編輯是第一位讀者，能夠對作者的原始思想進行掌握，可以修改作品，為自己的學習和提升，提供了得天獨厚的條件。編輯又是幸運的，因為能和許多老學者、老教授溝通了解，領悟他們思想深處的東西。而最有意義的是，一個敏銳的編輯可以發掘作品中剛剛萌芽的思想，憑著長遠的目光和冒險的精神，扶持它發展起來。這樣的挑戰和創造是無法替代的。正是這份執著，使他在十年的編輯工作中很快成長起來，責編了上百種書，也為自己獲得了無數的榮譽。

　　對於個人的成績，郇中建一直不願多談。他認為，成績只能說明過去，人總是要往前看的，要盡可能多做一些事，而不要一味地欣賞自己。他只覺得，生命中更值得記憶的是恩師對他的啟迪，是父母對他的自始至終的希冀，

是另一半情深意切的支持和理解。從他們身上，郇中建無時不感受著默默奉獻、不求索取的精神魅力。

郇中建，一個不服輸的錚錚男兒，用不輟的耕耘回報生活、回報世界。在平凡而又平淡的生活中，創造出了偉大的成績。

斷章取義：

「淡泊名利，用一顆超然的心面對各種誘惑，甘心為他人做嫁衣。」這是一個成功者遵循的準則，應為我們每一個人所銘記。

第 35 章 是真理就要堅持

■ 原文

執大象，天下往。往而不害，安平太。

樂與餌，過客止。道之出口，淡乎其無味。

視之不足見，聽之不足聞，用之不可既。

■ 譯文

掌握大道並執守大道，天下人都會傾心歸往。歸往而不互相侵害，天下就會和平安泰。音樂和美食，會使路人止住腳步。而「道」之言出於口，卻淡而無味。

看它卻看不見它，聽它卻聽不到它，但它的作用卻無窮無盡。

■ 必修學分：是真理就要堅持

本章，老子首先提出了一個「大象」的概念，何謂「大象」？

在老子眼裡，「道」是有生命存在的，它不但有體亦有體象，有形亦有形象，這種體象和形象就是「大象」，它既可以成為萬物觀察、辨識的具體存在，也能成為萬物理解和遵循的道理和規律。

老子認為，一切行動者，只要把握了「道」的規律，就可以順遂地走遍天下；而且走到哪裡都不會受到傷害，使自己處於安全、平穩、太平之中。

但還需要注意的是，這「道」的規律，一旦被說出口來，就淡淡的沒有什麼滋味，也不能用眼睛來仔細觀察，聽起來也沒什麼動靜，但它的作用卻是無窮無盡的。

老子本章的思想就是叫我們遵循真理（「道」的規律），而真理出於何處？真理出乎於平淡之中。

學生們向蘇格拉底請教怎樣才能堅持真理。蘇格拉底讓大家坐下來，他用手指捏著一個蘋果，慢慢地從每個同學的座位旁邊走過，一邊走一邊說：「請同學們集中精力，注意嗅聞空氣中的氣味。」

然後，他回到講台上，把蘋果舉起來左右晃了晃，問：「哪位同學聞到了蘋果的味道？」

有一位學生舉手回答說：「我聞到了，是香味。」

蘇格拉底再次走下講台，舉著蘋果，慢慢地從每一個學生的座位旁邊走過，邊走邊叮囑：「請同學們務必集中精力，仔細嗅一嗅空氣中的氣味。」

稍停，蘇格拉底第三次走到學生中，讓每位學生都嗅一嗅蘋果。這一次，除了一位學生之外，其他學生都舉起了手。

那位沒舉手的學生左右看了看，慌忙也舉起了手。

蘇格拉底臉上的笑容不見了，他舉起蘋果緩緩地說：「非常遺憾，這是一枚假蘋果，什麼味道也沒有。」

是真理，就要堅持。真理就是那樣，出於平淡之中，不在乎人言，不懾於權威，但它卻永恆存在，對我們的指導無窮無盡。

斷章取義：

假事物可能迷惑你的耳目，但絕不能讓它迷惑你的心靈，堅持真理，崇尚科學，做個真人。

第 36 章 欲取先予的策略

■ 原文

將欲歙之，必固張之；將使弱之，必固強之；將欲廢之，必固興之；將欲奪之，必固與之。

是謂微明。

柔弱勝剛強。

魚不可脫於淵，國之利器不可以示人。

■ 譯文

凡事先有所張開，才能有所收合；先有所強大，才能有所削弱；先有所興舉，才能有所廢棄；先有所給予，才能有所奪取。

這就是一般人不易察覺微妙的道理。

柔弱能戰勝剛強。

其間關係就好像魚兒不能離開水，國家的刑法政令不可以施加於人民。

■ 必修學分：欲取先予的策略

上一章，老子提出了「小」而變「大」的思想，本章，老子繼續為我們講述了事物變化的規律，並提出了促使事物變化的手段。

「將欲歙之，必固張之；將使弱之，必固強之；將欲廢之，必固興之；將欲奪之，必固與之。」老子是告訴我們，矛盾雙方是相互轉化，互為生滅的，誰也改變不了，欲張必先合，欲弱必先強，欲廢必先舉，欲奪必先予。

在商場中，老子這種思想被廣泛地運用。

日本在一九五二年時，全國的電視機擁有量也不過三千台左右，每台電視機售價高達二十三萬日圓。當時，大學畢業剛開始工作的職員，每月薪水不過一萬日圓，因而，若想買台電視機，除非兩年不吃不喝。由於電視機太

少，企業當然不肯在電視上做廣告，因而開辦電視台自然不會有多少收入。一九五二年在日本首家開播的 NHK（日本廣播協會）電視台公布預算時，預計「第一年度虧損額為四億日圓，第二年度則將達到五億」。

但日本第二家開播的電視台——日本電視的創始人正力松太郎卻獨闢蹊徑。電視台開播後，正力松太郎便在街頭、公園、車站等人流穿梭之處，設置了電視機，播放職業棒球、相撲、拳擊等各種節目。果不其然，人們紛紛為此吸引，無不駐足觀看。

看到人們紛紛被電視節目所吸引，如醉如痴，各家酒吧、茶館，乃至澡堂和理髮店都競相購置電視機，以招攬生意。在東京銀座、新宿等大街上，凡備有電視機的店鋪，無不顧客盈門，生意興隆，反之則門可羅雀，無人涉足。就這樣，儘管全日本只有數千台電視機，而電視觀眾卻數以百萬計，於是，各家公司爭相到電視台做廣告。節目開播僅半年，電視台便已經開始盈利了。

正力松太郎運用的行銷策略，正是老子「欲奪先予」的思想，他迎合了消費者的心理，從而取得了良好的經濟效益。而「欲奪先予」僅是老子所闡述事物變化規律的一種表現，是促使事情發生變化的手段之一，要了解本章，活用老子的思想，必須從表現看本質，知道老子所說的真正目的，如此一來便可從中獲益。

斷章取義：

俗話說：「若欲擒之，必先縱之」、「若欲得之，必先捨之」，這是指「擒」和「得」是目的，而「縱」和「捨」是表象。在處世辦事時，如果我們能洞察人心、巧做安排，則可先縱後擒而擒之無患；先捨後得而得之無虞。

第 37 章 遵循自然，放棄人為束縛

■ 原文

道常無為，而無不為。

侯王若能守之，萬物將自化。

化而欲作，吾將鎮以無名之樸。

鎮以無名之樸，夫亦將無欲。

無欲以靜，天下將自定。

■ 譯文

大道以無為為本，而無為則是真正的作為。

侯王如果能堅守它，萬物就會自然進化。

如果在進化中又私欲擴張，應以大道無所名狀的真樸來鎮壓。

用無所名狀的真樸去鎮壓它，就可以消除貪欲了。

沒有貪欲就可以安定下來，那麼天下也就太平了。

■ 必修學分：遵循自然，放棄人為束縛

本章是老子《道經》的最後一章，也可以說是老子對前文所做的小結。

《道經》三十七章，主要講述了大道的概念、形狀、意義、價值和規律。人們的行為如果順從自然大道，就會無災無害，甚至會永恆不朽；違背了自然大道，就會受到懲罰，走向自己意願的反面。

自然有其自身的規律，人為地去改變它，反而只能帶來壞的結果，籠中的小鳥不再有靈性，關起來的老虎也會失去往日的威風。遵循自然，反對人為束縛，這是我們從《道經》中學到的東西。

從《道經》中，我們應學會如何成功。

孔子有一次在呂梁遊玩，有一個地方地勢極高，水流落差很大。從高山上飛瀉下來的瀑布有幾十丈高，順勢奔流，拍石激浪，浪花飛濺開來，達幾丈遠。看著如此湍急水流，孔子心想，恐怕烏龜、鱉魚也不能在其中游動了。

　　就在孔子欣賞、讚嘆之時，他忽然發現了有一個男子正在水流中揮臂撥水。孔子大吃一驚，以為這人掉進急流，必死無疑了。於是，孔子立即喊了自己的弟子，順著水流的方向去救人。可是弟子們急急忙忙了一段路，那人卻從水裡鑽出來上岸了。他披著長長的頭髮，邊走邊唱著山歌，在堤岸上悠哉悠哉地走著。

　　孔子便跟上去，問他說：「我還認為你是神鬼水怪什麼的，看清楚了，你不就是個正常人嗎？請問，你蹈水有什麼祕訣沒有？」

　　那個男人說：「沒有，我哪有什麼祕訣呢。我只是開始於本然，慢慢地，許多時光過去，我又習慣於自然，最後，自自然然地在水中如履平地一樣。我跟漩渦一起捲進去，又和漩流一道翻出來。我一起一伏，伸手抬腿彎腰仰頭，都順著水的方式去做，而不以自己的意願做。可能，這就是我蹈水的祕訣吧。」

　　孔子又問：「什麼叫做開始於本然，習慣於自然，成功於自然？」

　　那男人便解釋說：「我出生在高土上並且安於高地，這就是開始於本來的樣子；成長於水中又安於水中，長於習慣，形成自然；我不知道所以然而然，就是成功於自然。」

　　孔子謂然長嘆。

　　老子主張「人法自然」、「無為」、「不言」，因為按自然辦事，這就是成功的祕密。「人法自然」，正如儒家主張「民胞物與」和「仁民愛物」，人法自然才能胸襟開闊，對萬物抱兼容並收的寬宏態度；只有民胞物與和仁民愛物，才能發揮愛人及物的博愛精神，才能以平常之心對待人、事和物，一切都合乎規律，合乎自然，如此就順利了。

　　我們還應向自然學習如何生活。

在自然界，沒有浪費，所有的東西都在循環。因此我們應學會循環，也必須循環。

我們知道自然界的生命是多種多樣的，所有事情都是不同的，因此我們有必要學會抵制社會向單一文化模式發展，而提倡百花齊放，推陳出新的方針。

我們向花兒學習應該怎樣生活——每朵鮮花都是從種子開始的，你不可能期望種下芙蓉紅的種子能夠長出雛菊來。由此我們可以知道，真實的人格是給予我們大家的一份禮物，就像一粒播下的種子一樣。

我們透過觀察生命中的音節，生命的連續性，以及生命不可被打破的循環，可以學會從悲傷中恢復過來。

我們從動物那裡看到平等和自由，正如華特·惠特曼說的：「沒有人會不滿足，沒有人會瘋狂地追求一切，沒有人向別人下跪，幾千年來一直如此。」

比任何事情都重要，我們對自然有了一份尊重，對真實的自我有了一份尊重。我們像討厭周圍虛假的東西一樣，反對虛假的人際關係。

自然和它無聲的訴說，教給我們許多生活的道理。

它能夠認識個人的價值和尊嚴，確定任何人有權決定他們是誰。

它能更加生動，幫你尋找生活的熱情，一種精力充沛的感覺。

它能給人以啟蒙——為你的思想帶去新的光亮，幫你認清虛偽和做作。

它能給人以鼓舞——給你闖蕩世界和建立功績的精力，使生活充滿熱情和友愛，為正義而工作。

它能體現一種真實自我和大我相聯繫的信仰，一種聆聽你發自內心的聲音，點燃生命之火，能幫你找到生活之路的信仰。

總之，遵循自然，放棄一切人為束縛，這是老子對我們的教誨，是我們追求成功的奧妙，更是我們富有、快樂、平安生活的源泉。

斷章取義：

　　矯揉造作與順應自然，是兩種截然不同的生活方式。換個角度看，事理都有自然之道，不是可造作出來的，學會順應自然，做起事來就會得心應手，生活也會無憂無慮。

第 38 章 真風流出自真內涵

■ 原文

上德不德，是以有德；下德不失德，是以無德。

上德無為，而無以為；下德為之，而有以為。

上仁為之，而無以為；上義為之，而有以為；上禮為之，而莫之應，則攘臂而扔之。

故失道而後德，失德而後仁，失仁而後義，失義而後禮。

夫禮者，忠信之薄，而亂之首；前識者道之華，而愚之始。

是以大丈夫處其厚，不居其薄；處其實，不居其華。故去彼取此。

■ 譯文

具有上乘品德的人，從來不追求形式上的「德」，這才是真正具備了「德」。

而下乘品德的人，從來不放棄在形式上追求「德」，實際上是沒有真正具備「德」。

真正具備「德」的人，一切順其自然無所作為，而且也是無心作為。

形式上具備「德」的人，喜歡人為地加以施為，而且也是有心作為。

講仁愛的人要做一件事，是沒有私心意圖的，所以容易做好。

講義行的人要做一件事，常有私心目的，所以可以做好的事是有限的。

講禮儀的人去做一件事，是勉強施為，如果沒人響應，於是便揚起手臂使人屈服，這樣的人最終什麼也做不好。

所以，喪失「道」的人才去講「德」；喪失「德」的人才去講「仁」；喪失「仁」的人才去講「義」；喪失「義」的人才去講「禮」。

而所謂的禮儀啊，是人心不夠忠厚，是社會動亂的禍首。

自以為有先見之明，那不過是道的虛華，是愚昧的開始。

所以，大丈夫，選擇淳厚而不選擇輕薄；選擇樸實而不選擇虛華。

因此，便捨棄後者而選擇前者。

■ 必修學分：真風流出自真內涵

本章起是老子《道德經》的第二部分──《德經》。讀了其第一部分，你就會明白《道經》所牽扯到的是自然的規律，即天道。那麼後面講的又是什麼呢？這就是老子的睿智之處。老子講述自然規律之後，又為我們闡述了人生的行為準則，即人德，這也就是老子《德經》所要講述的內容。

「道」與「德」相合，就構成了老子思想的整個哲學體系。

本章作為《德經》的開端，老子即為我們揭示了「德」與「無德」的概念，指出有德者，從來不追求形式上的「德」，一切順其自然；反之無德者，從來都不放棄追求形式上的「德」，喜歡人為地加以施為。正是由於喜歡施為，所以老子引出了「仁」、「義」、「禮」的概念，這三者都是施為者的表現，而且施為的程度逐層遞增，老子是反對這一切的，所以他有言：「失道而後德，失德而後仁，失仁而後義，失義而後禮。」對於「禮」，老子更是鄙夷，認為它是「攘臂而扔之」，是人心不夠忠厚，是社會動亂的禍首。

真正的有德不是裝出來的，真正有德是一種心境，一種名利難動的心境；是一種境界，一種清靜無為；是一種氣質，一種明「道」後自然流露出來的氣質。正如蘇東坡所說：「腹有詩書氣自華。」真正有德者，他絕不會矯揉造作地表現什麼，反而會自有一番蘊涵。而一個一心只追求外在東西的人，他所表達的，只會是簡單的肢體語言和自欺欺人的虛偽。

在一所大學裡有一個小夥子，他穿著一件非常破舊的絨褲，絨褲顯然已經有很多年頭了，像是幾十年前的產物，恐怕很快就可以成為古董進博物館了。絨褲上打了很多補丁，但仍有幾個醒目的窟窿在捕捉著過往的行人，當然，最為引人注目的還是左右腿上的四個大字：左邊是「窮人」，右邊的是「沒

錢」。他的這一裝束招來了不少人的觀望，但他絲毫沒有什麼不好意思，而似乎更加神氣得意，彷彿「窮」是一種可以炫耀的資本。後來據說系主任認為該生的行為影響了校容和校風，決定找他談話，勸其收斂一下，但該生堅持認為他就是窮人，就是沒錢，裝不出很文明很有錢的樣子，有什麼辦法呢？系主任說，系裡可以考慮給予困難補貼，或者動員學校力量為其募捐，卻遭到了該生的婉拒。實際上，他的家境並不困苦，他之所以那樣，只是想表現一下自己的個性，做出一副與眾不同的樣子而已。

年少氣盛、故作姿態地想表現自己的個性，這其實只是一種幼稚的行為，以為表面的東西是一種不隨流俗的自我表現，恰恰相反，這正是這種人的可笑之處。

斷章取義：

真正的有德在於內涵之中，絕不是裝出來的，或刻意「做」出來的，而應該是一種真實自我的表露，是有德的自我表達。正所謂「真風流出自真內涵」，這是每一個人都應把持的做人的態度。

第 39 章 做人應像頑石一樣厚道而真實

■ 原文

昔之得一者，天得一以清，地得一以寧；神得一以靈，谷得一以盈；萬物得一以生，侯王得一以為天一正。

其致之，天無以清，將恐裂；地無以寧，將恐廢；神無以靈，將恐歇；谷無以盈，將恐竭；萬物無以生，將恐滅；侯王無以貴高，將恐蹶。

故貴以賤為本，高必以下為基。

是以侯王自謂孤寡不穀。此非以賤為本耶？非乎！

故至譽無譽。是故不欲琭琭如玉，落落如石。

■ 譯文

自古以來，那些保持了自身與「道」相統一的有以下幾種情形：

天得道則清靜明朗，地得道則寧靜安詳；神得道則靈驗時顯，川谷得道則盈滿；萬物得道則發展生長，侯王得道則天下太平。

如果不能這樣：

天不清靜，恐怕就要崩裂；地不安寧，恐怕就會塌陷；神不靈驗，恐怕就會消失；川谷不盈滿，恐怕就會乾涸；萬物不生長，恐怕就會滅絕；侯王一味尊貴，高高在上，恐怕就會垮台。

所以貴者要以賤者為根本，高者要以下者為基石。

因此，君王自稱孤、寡人、不足，這不正是以賤者為根本嗎？不是嗎？

所以，追求榮譽反而會沒有榮譽。因此，不要追求像美玉那樣的尊貴華麗，而要像石頭那樣堅潤無光，不在人前張揚。

■ 必修學分：做人應像頑石一樣厚道而真實

「德」乃「道」的化身，「道」乃「德」的根本。由此可知「德」是不可以改變的，是由大道決定了的。合乎了「德」，則一切順利；違背了「德」，就會導致滅亡。

老子在這裡舉例說明了與「德」相合的好處，以及相違的害處。

那什麼樣的德性才是真正的「德」呢？

「貴以賤為本，高必以下為基。」能夠做到高不忘下，貴不忘卑，這就是真正的「德」。正如君王稱呼自己為孤、寡、不足一樣，目的就是讓自己變得卑下一些，從而合乎「德」。

所以說，那些最高的榮譽，是不需要自己去誇耀的；只要有了真正的德性，別人自然會去給你真正的名譽。正如那君王，他謙虛而不自誇，卑下而不自高，別人自會尊敬他、讚美他、以他為高。因而真正的德性所講的就是不需要那虛華美麗的玉石，寧可做實實在在的一塊頑石。厚道而真實，是什麼就是什麼，這就是真正的德性。

諺語有云：「名聲躲避追求它的人，卻去追求躲避它的人。」這是為什麼？著名哲學家叔本華回答得好：「這只因為前者過分順應世俗，而後者能夠大膽反抗的緣故。」名聲——榮譽；順應世俗——追求虛華的玉石；大膽反抗——寧做那實實在在的頑石。其思想與老子不謀而合。

而生活中許多偉大的成功者，也正是此思想的忠實踐行者。

美國發明家萊特兄弟，一九○三年發明了飛機並首次飛行試驗成功後，名揚全球。一次，有一位記者好不容易找到了兄弟兩人，要替他們拍照，弟弟奧維爾·萊特謝絕了記者的請求，他說：「為什麼要讓那麼多的人知道我倆的相貌呢？」

當記者要求哥哥威爾伯·萊特發表講話時，威爾伯回答道：「先生，你可知道，鸚鵡叫得呱呱響，但是牠卻不能飛得很高很高。」就是這樣，兄弟倆視榮譽如糞土，不寫自傳，從不接待新聞記者，更不喜歡拋頭露面顯示自己。

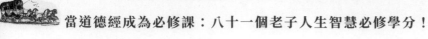

有一次，奧維爾從口袋裡取手帕時，帶出來一條紅絲帶，姊姊見了問他是什麼東西，他毫不在意地說：「哦，我忘記告訴你了，這是法國政府今天下午發給我的榮譽獎章。」

萊特兄弟就是這樣的厚道而真實，他們不願在人前顯露自己，究其原因是他們知道，榮譽只不過是虛華的東西而已，正如居禮夫人所說：「榮譽就像玩具，只能玩玩而已，絕不能永遠地守著它，否則將一事無成。」

斷章取義：

其實，就榮譽本身而言，追求榮譽是人之常情，是美好的。它是一個人追求的理想，完善自我的必然結果，但切忌以它為人生的目標。一個人如果把榮譽做為自己的人生目標，處處賣弄、顯示，就是追求虛華的玉石，就會超出限度和理智，常會迷失自己。

第 40 章 藏器於身，待時而動

■ 原文

反者道之動，弱者道之用。

天下萬物生於有，有生於無。

■ 譯文

返本歸根是「道」的運動，柔和謙弱是「道」的作用。

天下萬物從有中來，有從無中生出。

■ 必修學分：藏器於身，待時而動

這一章，老子重申了大道與大德的關係。

「道」無形象，無言語，無作為，我們所能認識到的，只是它的一種德性而已，所以「德」就是「道」的屬性。

「道」有自己的運動方式，它循環往復地運動著，這一點我們可以從自然中看出來，月圓月缺，花開花謝，萬物草木春生而夏長，秋收而冬藏，如此循環不已。

「道」生長萬物卻不占有，滋養萬物卻不自恃。「道」無形象，不占有不自恃，所以說它是天下最柔的東西，沒有什麼東西能夠戰勝它。

由此可知，大道的德性就是循環往復、柔弱順應，而人只有順從自然之道，把握住循環往復、柔弱順應的德性，才能無災無害，一切順利。

如此，便是要求我們為人處世要「藏器於身，待時而動。」

也就是說，有才能但不使用，而要待價而沽。天才無此器最難，而有此器，卻不知收斂，則鋒芒對於人，只有害處，不會有益處。所以古人說：「額上生角，必觸傷別人，不磨平觸角，別人必將力折，角被折斷，其傷必多。」

可見，天才的鋒芒就像人額上的角，既害人，也傷己！如此說來，還不如沒有。

如果有此器而視為無此器，必不會成為圓月，成為全開之花，自然就沒有缺、謝的危險了，這就是把握住了循環往復的德性的結果。而有能力卻不與人爭，隱藏智慧，這就是把握住了柔弱順應的德性的表現。

隋人薛道衡，十三歲便能講《左氏春秋傳》。隋高祖時，做內史侍郎。煬帝時任潘州刺史。大業五年，被召還京，上《高祖頌》。煬帝看了頗不高興，說：「不過文辭漂亮而已。」這是因為煬帝自認文才高而傲視天下之士，不想讓他們超過自己。御史大夫乘機說薛道衡自負才氣，不聽訓示，有無君之心。於是煬帝下令把薛道衡絞死了。

天下人都認為薛道衡死得冤枉，但他不正是違背了自然之道，喪失了「道」的德性，鋒芒畢露，以剛強應對人生而遭人嫉恨、命喪黃泉的嗎？

斷章取義：

俗話說：「人怕出名豬怕肥。」一個人在事業上小有成就，就易招來別人的嫉恨。上古的時候，人們砍伐樹木，只選擇那些桿直圓粗的樹木，而那些長得弱小的樹木就能免遭砍伐。所以，在複雜的社會之中，要想成就大事，就不要鋒芒畢露，而應藏頭露尾，等待最有利的時機。

第 41 章 容忍別人的小錯誤

■ 原文

上士聞道，勤而行之；中士聞道，若存若亡；下士聞道，大笑之。

不笑不足以為道，故建言有之：

明道若昧，進道若退，夷道若纇；上德若谷，廣德若不足；建德若偷，質真若渝；大白若辱，大方無隅；大器晚成，大音希聲，大象無形。

道隱無名。

夫唯道，善貸且成。

■ 譯文

最聰明的人聽別人講「道」之後，便能心領神會、辛勤、努力地去實行；一般的人聽別人講「道」之後，便會半信半疑、猶豫不定；最愚笨的人聽別人講「道」之後，便會愚昧無知地哈哈大笑。

如果人們所講的「道」，不被愚笨之人嘲笑，那這「道」就不是真正意義上的「道」了。所以古人說：

光明之道好似暗昧，進取之道好似落後，平坦之道好似崎嶇；大德崇高好似低谷，大德廣大好似不足；大德剛健好似怠惰，質樸純真好似混濁；最白的東西好似黑垢，最方正的東西好似無角；最大的器物不成形，最大的樂章聽不清，最大的天象看不見。

「道」盛大而無相名。

也只有它，善於幫助萬物，並成全萬物。

■ 必修學分：容忍別人的小錯誤

我們人類只有認識自然大道的德性，把握住這些德性，才能一切順利。可往往並不是所有人都能對「道」之德性有正確的認識。

老子說：「上士聞道，勤而行之；中士聞道，若存若亡；下士聞道，大笑之。」在這裡，老子根據不同的人對道認識和行為的不同，把人類分成了三個等級，即上士、中士、下士。又指出：「不笑不足以為道。」不被不明之人懷疑，不被愚笨之人嘲笑，那就不是真正的大道了。也就是說，不管你怎麼去笑那大道，大道也都不會有什麼改變。

而對於明道之人，古人說：明白大道的人好像什麼都是糊塗的，進入大道的人卻好似是在退步，走在平坦大道上卻好像走在那崎嶇小路上。如此不被人理解，可明道之人自己明白什麼才是「道」之德性，他們不會因別人的誤解而改變什麼。

明白了這一點，運用到我們的為人處世之中，真理始終是真理，不會因別人錯誤的認識而隨之改變。因此，對於別人犯的那些認識上的小錯誤，也不必追究，讓人難堪。

美國著名的成功學家戴爾·卡內基是處理人際關係的「高手」，然而早年時，他也曾犯過小錯誤。有一天晚上，卡內基參加一個宴會。宴席中，坐在他右邊的一位先生講了一段幽默故事，並引用了一句話，意思是「謀事在人，成事在天」。那位健談的先生提到，他所引用的那句話出自聖經。然而，卡內基發現他說錯了，他很肯定地知道出處，一點疑問也沒有。

為了表現優越感，卡內基很認真又很強硬地糾正了過來。那位先生立刻反唇相譏：「什麼出自莎士比亞？不可能！絕對不可能！」那位先生一時下不來台，不禁有些惱怒。

當時卡內基的老朋友法蘭克·葛孟坐在他左邊。葛孟研究莎士比亞的著作已有多年，於是卡內基就向他求證。葛孟在桌下踢了卡內基一腳，然後說：「戴爾，你錯了，這位先生是對的。這句話出自聖經。」

那晚回家的路上，卡內基對葛孟說：「法蘭克，你明明知道那句話出自莎士比亞。」「是的，當然。」葛孟回答，「在哈姆雷特第五幕第二場。可是親愛的戴爾，我們是宴會上的客人，為什麼要證明他錯了？那樣會使他喜

歡你嗎？他並沒有徵求你的意見，為什麼不保留他的顏面，硬要說出實話而得罪他呢？」

一些無關緊要的小錯誤，忽略過去，無傷大局，那就沒有必要去糾正它。這不僅是為了自己避免不必要的煩惱和人事糾紛，而且也顧及到了別人的面子，更體現了你做人的雅量。

斷章取義：

生活中一個人尋找別人的缺陷，指責別人，遠不如發現自己的缺陷，指責自己。更不如發現別人的優勢，稱讚別人。指責別人，遠不如去了解別人，理解別人，原諒和寬容別人。世上有幾個人十全十美？誰沒有缺陷，為什麼總是揪住別人的缺陷，而看不見他還有更多的優點呢？

第 42 章 和氣會帶來吉祥

■ 原文

道生一，一生二；二生三，三生萬物。

萬物負陰而抱陽，沖氣以為和。

人之所惡，唯孤、寡、不穀，而王公以為稱。

故物或損之而益，或益之而損。

人之所教，吾亦教之：

強梁者不得其死，吾將以為教父。

■ 譯文

「道」是一個無極（「道」產生時，各種元素處於混沌狀態，這種狀態就叫「無極」），一個無極生兩儀（「兩儀」就是太極陰陽魚，分出陰、陽），兩儀生天地人三才，由三才而產生萬物。

萬物背負於陰，而懷抱於陽，並在陰陽中得到和諧統一。

人性所厭惡的，無過於孤（死了妻子為「孤」）、寡（死了丈夫為「寡」）、不足（品行不善），而侯王卻以此做為自己的稱呼。

所以，事物的規律，有時減損反而得益，有時得益反而減損。

人們常講的警言，我也要用來教給別人：

強橫逞凶的人不得好死，我要以此做為施教的教材。

■ 必修學分：和氣會帶來吉祥

本章，老子接續上一章講大道的德性和悟道聖人的行為。

「道是一，一生二，二生三，三生萬物。」這是宇宙的規律，由此我們可以知道，萬物都在大道之中。

既然萬物都在「道」中，那麼萬物自然背負地陰而懷抱天陽，從而將陰陽二氣糅合在一起而成為和氣，也就是說，萬物的生成，正是因為陰陽相合所生成的和氣所致。

而人也在萬物之中，所以人氣便是和氣，和氣取得的是陰陽二氣的中和。所以只有和氣為人，才是人真正的德性，才是合乎大道規律的。

俗話說：「和氣致祥。」即認為和氣相處可以帶來吉祥。一個家是如此，一個機關單位和一個社會更是如此。如何保持和氣呢？古人指出「長傲」、「多言」是破壞和氣的兩大因素，更是歷代戰爭和殘殺的原因，而要做成熟的人就應該謙虛而少語。

確實，和氣是團結的基礎，也是生財的基礎，現代人更應講究一團和氣。現實中有這樣一個例子。

一家保險公司一名經驗老到的推銷員去拉團體保險。一般情況下，推銷員都希望公司主管答應投保，但是所有的上司都很忙，無法長時間交談。愚笨的推銷員一看見主管人員就纏著不走，侃侃而談，不管別人忙不忙，殊不知對方看在介紹人的面子上，才同意見面的，這時已大生反感。這位老於世故的出色推銷員不同一般，很懂得把握時間，時間一到，馬上離開，絕不逗留。如此重複幾次，彼此都很熟了，對方一見面就笑著說：「你真熱心，又來了！」和氣一到，財氣果然也到，然後就簽約了。

俗話說：「清官難斷家務事。」對一些棘手的家庭問題，不論是自家的還是別人的，都應該本著「和為貴」的原則，這樣才能照顧到方方面面，大事化小，小事化了。

宋英宗剛即位時，一天，慈壽太后差人送給韓琦一封信。信中說皇上和高皇后不侍奉她，要韓琦「為孀婦作主」，並敕命太監等著韓琦回報。韓琦只說：「領旨。」將太后派來的太監打發走了。

一天，韓琦上了封札子，說有重要事請示，需要單獨見皇帝，於是英宗單獨召見了他。見面後，韓琦對英宗說：「您不要吃驚，有一封信必須給您看，把事情說明白，只是不能洩露……皇上能有今天，全靠慈壽太后的力量，

此恩不可忘記。雖然不是親生母子，但只要多加奉承，便可以相安無事了。」英宗說：「一定接受先生的教益。」韓琦又說：「太后的這封信，臣不敢留。希望能在宮中祕密燒掉，如果洩露出去，讒言將會趁機興起。」英宗連聲贊同。這以後，太后與皇帝、皇后的關係很融洽，人們根本看不出曾發生過矛盾。

　　韓琦把皇帝家的家務糾紛解決得如此漂亮，不愧為一代名臣。他的計謀出發點是以大局為重，不激化矛盾，採取了暗中調停的辦法，從中可見和氣的妙用。而那些不知和氣的人，就違背了「道」的規律，與真正的德性相違，就叫做「強梁」，老子說，強梁者是沒有得到好處的，是和氣的反面，是我們立身處世的反面教材，是千萬不可以的。

斷章取義：

　　做為一個人，總不免要與他人交往。所謂處世，指的是在與人交往過程中的態度和方法。一團和氣才能與人為友。如果與人相處像是一杯水的話，那麼和氣就是替這杯水加的糖。以和為貴是一種較高的處世境界，更是一種聰明的交友態度。

第 43 章 學習以柔克剛的為人處世之道

■ 原文

天下之至柔，馳騁天下之至堅。

無有入無間，吾是以知無為之有益。

不言之教，無為之益，天下希及之。

■ 譯文

只有天下最柔的東西，才能穿透天下最堅硬的東西。

空虛無形之物，可以進入沒有間隙的東西之中。我因此而知道了無為的益處。

不用言語而能收到教導的目的，實施無為而能有所得益，普天之下很少有人可以做到。

■ 必修學分：學習以柔克剛的為人處世之道

上一章，老子講述了人類真正的德性——和氣。本章，老子緊接著「和」字，又講述了「柔」的美妙。

「柔」與「和」是常聯繫在一起的，「和」本身也就是「柔」，其代表就是水。水是柔和的、是最接近於大道的，它可以與天下最堅硬的東西相抗衡。人們常說的水滴石穿，就叫做以柔克剛。

「以柔克剛」語出諸葛亮《將苑·將剛》：「善將者，其剛不可折，其柔不可卷，故以弱制強，以柔制剛。」這是一種避開敵之鋒芒，用溫和的手段取勝的計謀。它的意思即為：好的將帥應該具備的性格是剛強、剛烈，但不固執己見，溫和、柔順但不軟弱無力，即通常所說的剛柔相濟，才能以弱勝強，以柔克剛。

「以柔克剛」是孫子兵法中常見的一招。「以柔克剛」是制服一個大發脾氣的人最好的辦法。對方越是發怒，你越發鎮定溫和；越是緊張的場合，越應保持頭腦冷靜。這樣，你才能發覺對方因情緒過度而顯露的種種弱點，而一一加以擊破。

這就好比山溝裡淌下的流水，一點一滴地落在堅硬的巨石上，最初還未見得有什麼不同，久而久之，巨石就會出現漏洞，並甚而斷裂。這就是滴水所爆發出的威力，不可阻擋啊！

在美國經濟大蕭條時期，有一位十七歲的女孩，好不容易才找到一份在高級珠寶店當售貨員的工作。

聖誕節的前一天，店裡來了一位三十歲左右的貧民顧客。

他衣衫襤褸，一臉的悲哀、憤怒，他用一種不可企及的目光，盯著櫃台裡貴重的高級首飾。

這時，女孩要去接電話，一個不小心，把一個碟子碰翻，六枚精美絕倫的金戒指落到地上。

她慌忙撿起其中的五枚，但第六枚怎麼也找不著。

這時，她看到那個三十歲的男子正向門口走去，頓時，她意識到戒指在哪兒。

當男子的手將要觸及門把時，女孩柔聲地叫道：「對不起，先生！」

那男子轉過身來，兩人相視無言，足足有一分鐘。

「什麼事？」

他問，臉上的肌肉在抽搐。

「什麼事？」

他再次問道，充滿著一種說不出來的哀怨的神情。

「先生，這是我頭一次工作，現在找工作很困難的，對不對？」

姑娘神色黯然地說,眼眶中充滿著哀傷的淚水。

男子長久地審視著她,終於,一絲柔和的微笑浮現在他臉上,「是的,的確如此。」他回答,「但是我想,您在這裡會做得不錯。」

停了一下,他向前一步,伸手與她相握,「我可以為您祝福嗎?」他轉過身,慢慢向門走去。女孩目送他的身影消失在門外,轉身走向櫃台,把手中握著的一枚金戒指放回了原處。

沒有批評,沒有苛責,然而女孩卻成功地要回了那位男子偷撿的那一枚金戒指,這是為什麼?不正是因為女孩的頭腦冷靜,避實就虛地以情動人,正是她這種似水、似風的柔情,打動了那位男子的心。

斷章取義:

「以柔克剛」不是以硬碰硬,以剛克剛,它體現在特定的場合,和特定的人物的迂迴。我們走路,經常可以遇到各種障礙,對於橫在面前的大石頭,是搬開它?繞著走?還是爬過去?只有權衡比較,才能得出結論。這樣才能胸有成竹地一一繞過它們,快速前進。「以柔克剛」是智慧的、成功的做人處世之道。

第 44 章 用智慧戰勝貪欲

■ 原文

名與身孰親？身與貨孰多？得與亡孰病？

甚愛必大費，多藏必厚亡。

知足不辱，知止不殆，可以長久。

■ 譯文

名譽與身體誰對我更親近？

財貨與身體誰對我更重要？

得到和失去哪個更有害？

過分的貪愛，必定會導致更大的耗費，過多的聚藏，反而會有更大的損失。

所以，知道滿足就不會受到恥辱，知道適可而止就不會有什麼危殆，這才是使自己長久的生存之道。

■ 必修學分：用智慧戰勝貪欲

具備了和氣，便合乎了大道的德性，就能像水一樣，以柔弱勝剛強。可天下能真正具備和氣的人又有多少？所以，老子在本章講述了違背和氣這一德性的結果。

一開篇，老子接連提出三個疑問，以引起人們的思考，讓人們在名利與生命、財富與生命、得到這些身外的名利地位與生命之間做出選擇。其答案顯而易見，生命是寶貴的，誰也不會去選擇前者而丟棄後者。

這個道理是人人都懂的，可惜我們人類由於私心和貪婪，每到了那個關鍵時刻，名利心一重，就忘乎了所以，不由地做出了錯誤的選擇。

清末杭州知府陳魯原是個很受百姓擁戴的清官,他不貪財不好色不嗜酒,想用這些東西拉他下水的人,只好望而卻步。但他有一樣嗜好:喜愛古字畫。遇到好的古字畫,他茶飯不思。正好,他治下的餘杭知縣得了一幅唐伯虎的真跡,送上門來請他鑑賞。他愛不釋手。知縣善解人意,便慷慨相送。自此,兩人關係非同一般。過了不久,餘杭縣報上來一樁大案,他閱讀案卷,明知事有蹊蹺,卻礙於情面,照准了。這樁案子就是當時震動朝野的楊乃武、小白菜冤案。案發後,朝廷追究涉案官員的責任,陳魯原自知罪責難逃,加上羞愧難當,便懸梁自盡了。

從一幅字畫開始,清官成贓官,貪欲害人可見一斑。

出現這樣的結果,是由於我們人類未達到「和」的標準,與大道的德性相違,也就受到了自然規律的懲罰。所以老子又說,過分的貪,必會付出更大的代價;過分的聚藏,結果必會有更大的損失。

所以,對於名利和財富只要能夠知道滿足,順其自然,不貪婪,那麼自然不會有什麼恥辱和失敗;知道事情都要適可而止,不為已甚,那麼也就不會走向滅亡,自然也就會保持長久而不敗了。

斷章取義:

人如果不能克制貪欲,勢必會遭其所害。看看歷史上的那些因嗜好而鑄成大錯、釀成大禍的官員有多少?且不說那些因沾上不良嗜好,如貪財好色而壞事丟官掉腦袋的,就算是一種好的嗜好,如果不小心,也會出事。

第 45 章 在「遲鈍」中掌握主動

■ 原文

大成若缺，其用不弊；大盈若沖，其用不窮。

大直若屈，大巧若拙，大辯若訥。

躁勝寒，靜勝熱，清靜為天下正。

■ 譯文

最完美的東西好似有什麼缺陷，但它用起來卻並不殘缺；最充盈的東西好似有點虛空，但它用起來卻無窮無盡。

最硬直的東西好似有點彎曲，最靈巧的東西好似有點笨拙，最善辯者好似有點木訥。

清靜可以克制急躁，寒冷可以克制炎熱。清靜無為才能使天下太平。

■ 必修學分：在「遲鈍」中掌握主動

由於我們人類的感官都是外向型的，所以易去追求那些外在的東西（如名利、財富等等），在一些人眼裡，不去追求好像就不能滿足。不去追求，似乎就是木訥、蠢笨。對於此，老子在本章中從大道的角度加以否定，指出並非如此，而是恰好相反。

「大成若缺，大盈若沖，大直若屈，大巧若拙，大辯若訥。」缺陷、虛空、彎曲、笨拙、木訥等，儘管都是人們不喜歡的，但卻是真正應該保持的東西，是大道的象徵，都代表了大道清靜無為的德性。

在戰爭中，清醒沉靜的一方就能戰勝輕浮狂躁的一方；在氣候中，寒涼清冷能夠戰勝悶熱火燥。而在我們為人處世中，也應保持清靜無為的德性，做到「大智若屈，大巧若拙」或是我們常說的「大勇若怯，大智若愚」。本來你很勇敢，卻保持怯懦；本來足智多謀，卻保持愚笨。智而示以愚，能而

示之不能，用而示之不用，以此在「遲鈍」中掌握主動，這在外交、談判、經濟等領域有廣泛的應用。

有一次日本的一家公司到美國去與一家公司進行貿易談判。談判一開始，美方代表滔滔不絕地說個沒完，想迅速達成協議。而日方代表卻一言不發，只是揮筆疾書，把美方代表的發言全部記錄下來，第一次談判就這樣結束了，日方代表也回國了。

六個星期之後，日本公司又派了另一個部門的幾個人，做為代表團來到了美國，進行第二輪談判。這批新到的日本人，彷彿根本不知道之前協商討論過什麼問題，談判只好從頭開始。美國代表照樣是口若懸河，滔滔不絕，日方代表又是一言不發，記下大量筆記又回去了。

又過六個星期之後，日本方面的第三個代表團又來到談判桌旁，他們的全部行動只不過是第二個代表團的故技重演，記下了大量筆記又走了。

之後，第四個、第五個日本談判代表團都是如法炮製。

半年過去了，一年過去了，日本方面毫無反應，他們把美國公司弄得「丈二金剛摸不著頭腦」，只能抱怨日方代表沒有誠意。

正當美國這家公司感到絕望時，日方公司的談判代表突然來到了美國。這一次，日本談判人員一反常態，在美方代表毫無心理準備的情況下，突然拍板表態，做出交易決策的方案，弄得美方措手不及，十分被動，損失不小。

日本人一開始裝得若無其事的，既不表態，也不做任何形式的舉動，讓美方猜測不到他們的行動。這種尋找恰當的時機，趁人不備，出奇制勝的方法十分厲害，往往使談判對手猝不及防，損失不小。

但需要注意的是，在「遲鈍」中掌握主動，關鍵是心中要有對付對方的策略，沒有策略，無為而示有為，本來糊塗反裝聰明，這樣就會弄巧成拙，於己不利。

斷章取義：

　　大凡立身處世，是最需要聰明和智慧的，但聰明與智慧有時卻依賴糊塗而得以體現。鄭板橋認為，聰明有大小之分，糊塗也有真假之分，所謂小聰明大糊塗乃真糊塗假智慧，而大聰明小糊塗則是假糊塗真智慧。從這個角度來說，做人難得糊塗，而大智慧正隱藏在這難得的糊塗之中。

第 46 章 知足者常樂

■ 原文

天下有道，卻走馬以糞；天下無道，戎馬生於郊。

罪莫大於可欲，禍莫大於不知足，咎莫大於欲得。

故知足之足，常足。

■ 譯文

君王遵循「道」來治理天下，便讓戰馬去耕種糞田；君王不遵循「道」來治理天下，戰馬只能在戰場上生子。

最大的禍害莫過於不知足，最大的災難莫過於貪得無厭。

所以只有知道滿足而滿足，才會永遠地富足。

■ 必修學分：知足者常樂

禍患來自貪得無厭，人最大的災難就是不知足。

不知足就不合乎大道的德性，因為大道的德性就是知足而無爭無求。

心裡不知足，就想去占有，一山望著一山高，這樣的人對什麼都不會感到滿足，所以整天只能生活在對各種事的不滿之中。

兩個人被同時允許進入一個桃園摘桃子，條件是一個人只摘一個，不論大小。第一個人進入園子後一直都在緊張地搜尋，但每當他看到一個大桃子時就想：「這個還不夠大，前面還有更大的。」結果他放過了很多大桃子，等到快要離開園子的時候，他才意識到自己已經沒有機會選擇了，所以只好匆忙摘了一個並不很大的桃子。第二個人則不然，進園子後不久就發現一個很大的桃子，並將其摘了下來，然後一路悠閒地欣賞桃園風光，直到走出桃園。出桃園後兩個人一比，第二個人摘的桃子比第一個人的大多了。

由此可見，知足實在是一種聰明的生存方式，我們應學會知足。

托爾斯泰在一八八六年曾寫過一個短篇小說《一人需要多少土地》，小說的警示也正是老子本章的原意，值得我們每一個人去好好地體會。故事講的是：

貪心的農民帕霍姆要買一塊土地，人家告訴他只要他太陽落山前能回到出發地，跑了多少土地就能得到多少土地，他跑啊跑，越大越好，越多越好，最後的確在太陽落山前回到了出發地，但是人也吐血死了。人們把他埋了，他最後需要的土地，其實只是埋他的那個坑那麼大。

斷章取義：

不知足的人，對本不可強求的東西有太多的奢望，好比吃膩了魚肉就想吃雞肉，吃膩了雞肉又想吃龍肉，龍肉固然不可尋，自然只能是空想。不知足的人，在追求事業、名利、地位、信念、財富時，往往因各種因素與自己的願望有很大出入，對金錢財富之類心存過高貪欲，那就是貪心。貪心常常是自掘墳墓。

第 47 章 切記「南轅北轍」只能適得其反

■ 原文

不出戶，知天下；不窺牖，見天道。

其出彌遠，其知彌少。

是以聖人不行而知，不見而名，無為而成。

■ 譯文

足不出戶，就能預知天下事；不望窗外，可以察知自然規律。

走得越遠，就知道得越少。

所以聖人不需要遠行而可以預知，不用窺望而可以明瞭，不去妄加施為而可以成功。

■ 必修學分：切記「南轅北轍」只能適得其反

聖人無為，所以才能知足，便合乎了「道」的德性。

正是由於聖人能體悟到大道的德性，所以，他們知道天下萬物，包括了人類都來自於宇宙天地自然，根本是一個：大道無為，天道也無為，人道、物道都應如此，所以老子說：「不出戶，知天下，不窺牖，見天道。」

雖如此，但並不是所有人都是聖人，能做到無為，把天地萬物視為一體，這是因為他們已有了分別的名相和概念。所以老子又說：「其出彌遠，其知彌少。」這樣的概念越多，人離大道就越來越遠了。這正是古人所說的「南轅北轍」。

「南轅北轍」，也就是行動和目的相反了。人類為了認識「道」而制定了名相，名相越多，結果卻是離「道」越來越遠了。這正是我們人類常幹的

傻事，老子清楚地認知到了這一點，告誡我們「南轅北轍」的結果只能是適得其反，事與願違。在中國歷史上就有許多「南轅北轍」的故事。

趙太后新執政，秦國便加緊進攻趙。趙向齊求援。齊王說：「一定要以長安君做為人質，軍隊才能派出來。」太后不答應，大臣們極力勸諫。太后明確地對左右的人宣布：「有再說讓長安君做人質的，我這老婆子一定把唾沫啐在他臉上！」

左師公觸龍拜見太后。左師公說：「我那兒子舒棋，年紀最小，沒什麼出息。可我年老了，內心總疼愛他，希望您讓他充當一名護衛，來保衛王宮。我冒著死罪把這件事稟告您。」太后說：「好啊，他年紀多大啦？」左師公回答說：「十五歲啦。雖說還小，我希望趁自己還沒有死，便把他託付給您。」太后說：「男人也疼愛他的兒子嗎？」觸龍回答說：「比女人還厲害。」太后說：「女人愛得特別厲害啊！」觸龍回答說：「我私下認為您愛燕后，超過了愛長安君。」太后說：「你錯了！我愛燕后遠遠比不上愛長安君。」左師公說：「父母愛子女，就要為他們做長遠打算。您送燕后出嫁的時候，緊跟在她身後哭泣，想起她遠嫁異國就傷心，也確實夠傷感的了。她走了以後，您不是不想念她呀，祭祀時一定要為她祈禱。說：『一定不要她回來。』這難道不是為她考慮，希望她的子孫相繼當王嗎？」太后說：「是啊！」左師公問：「從現在算起，三世以前一直上推到趙氏建立趙國的時候，趙王子孫封了侯的，還繼續有存在的吧？」太后說：「沒有。」觸龍說：「不單是趙國，各諸侯國內還有繼續存在的嗎？」太后說：「我沒有聽說過。」觸龍說：「這就是說，他們之中近則自身遭了禍，遠則禍患落到他們子孫身上了。難道說君王的子孫就一定不好嗎？不是。只不過由於他們地位很高卻沒有什麼功勛，俸祿很豐厚卻沒有什麼勞績，卻擁有很多貴重的東西罷了。如今您尊顯長安君的地位，封給他富庶的土地，賜給他很多貴重的東西，卻不趁著現在讓他為國立功，一旦太后您百年之後，長安君憑什麼在趙國安身呢？老臣認為您替長安君打算得太短淺了。所以說，您對他的愛不如對燕后的愛。」太后說：「好吧，任憑你怎麼調派他吧！」於是，替長安君整治好百輛車子，到齊國去做人質。齊國援兵就派出來了。

趙太后愛子心切，她本意是希望兒孫長治久安，但婦人之見，卻將這種愛體現在對兒孫的日常冷暖上，平常不讓他們鍛鍊，不給他們建功立業的機會，滿心以為衣食豐足就足夠了。殊不知，這只會使他們毫無鬥志、無所專長，又怎麼能長治久安？況且當時趙國正處於危難之中，如此疼惜，只會自取滅亡，又怎樣保護兒孫的安全？趙太后的做法，正是一種「南轅北轍」的行為，她所努力的，猶如緣木求魚，背道而馳。幸虧觸龍的明智，太后的明理，才能最終醒悟。可在生活中，又有多少人能像趙太后那樣，能夠幡然自省，調整自己的生存策略和做事方式呢？

斷章取義：

生活中有許多「南轅北轍」的事情，例如，如果學生在大學入學考複習期間，總打疲勞戰，每天學習十四至十八個小時，結果成績越來越差。「南轅北轍」只會是事與願違、適得其反，切記，凡事有一個明確的認知，才是成功的前提。

第 48 章 向外追求永遠也沒有一個終點

■ 原文

為學日益，為道日損。

損之又損，以至於無為。

無為而無不為。

取天下常以無事，及其有事，不足以取天下。

■ 譯文

追求學問天天增益，修行大道日益減損。

減損而又減損，最後達到無為的境地。

能夠做到無為，就會有所作為。

治理天下必須無所事事，如果經常有所事事，就不能夠治理好天下了。

■ 必修學分：向外追求永遠也沒有一個終點

上一章，老子講述了求知和行道的不同，他在這一章又繼續深入地闡述了這一關係。

「為學日益，為道日損。」對知識的追求要不停地累積和發展，而對於「道」則恰恰相反，只有去除了雜念，也就是說，只有人們認識大道所建立的名相越來越少，才能離大道越來越近。「為學」與「為道」是完全對立的兩個概念。

這也正如《莊子》所說：「吾生有涯，而知也無涯」，即人類永遠也達不到那個真理的所在。老子的高明就在於他早認知到了這一點，向外求是永遠也求不到一個終點的。

這一點對於我們的人生是一大啟示。人往往就是那樣，對功名、財富的追求永遠也不會滿足，欲望就像是一條鎖鏈，牽著一個永遠也無法到達的終點。

有一位禁欲苦行的修道者，準備離開他所住的村莊，到無人居住的山中去隱居修行，他只帶了一塊布當作衣服，就一個人到山中居住了。

後來他想到，當他要洗衣服的時候，他需要另外一塊布來替換，於是他就下山到村莊中，向村民們乞討一塊布當作衣服，村民們都知道他是虔誠的修道者，於是毫不考慮地就給了他一塊布，當作換洗穿的衣服。

當這位修道者回到山中之後，他發覺在他居住的茅屋裡面有一隻老鼠，常常會在他專心打坐的時候，來咬他那件準備換洗的衣服，他早就發誓一生遵守不殺生的戒律，因此他不願意去傷害那隻老鼠，但是他又沒有辦法趕走那隻老鼠，所以他回到村莊中，向村民要一隻貓來飼養。

得到了一隻貓之後，他又想了——「貓要吃什麼呢？我並不想讓貓去吃老鼠，但總不能跟我一樣只吃一些水果與野菜吧！」於是他向村民要了一隻乳牛，這樣那隻貓就可以靠牛奶維生。但是，在山中居住了一段時間以後，他發覺每天都要花很多的時間來照顧那隻乳牛，於是又回到村莊中，他找到了一個可憐流浪漢，帶著這無家可歸的流浪漢到山中居住，幫他照顧乳牛。

那個流浪漢在山中居住了一段時間之後，他跟修道者抱怨說：「我跟你不一樣，我需要一個太太，我要過正常的家庭生活。」

修道者想一想也是有道理，他不能強迫別人一定要跟他一樣，過著禁欲苦行的生活……這個故事就這樣繼續演變下去，你可能也猜到了，到了後來，也許是半年以後，整個村莊都搬到山上去了。

對於一個禁欲苦行的修道者來說，也不能脫離欲望的煩惱，而對於我們這些普通人來說，更是為欲望所憂，所以禁欲（禁止欲望的膨脹）是我們時刻要注意的問題。向外追求永遠也沒有一個終點，而我們的生命之舟，載不動太多的物欲和虛榮，因此，我們必須學會知足，學會輕舟而行。

斷章取義：

有句俗話：「成人不自在，自在不成人。」一個人一生一世，熙熙攘攘，挑肥揀瘦，朝三暮四，為了什麼，還不是為自己選擇一條什麼樣的鎖鏈嗎？智者告訴你：每個人都有欲望，但欲望太多了，人生就變得疲憊不堪，每個人都應學會輕載，因為生命之舟載不動太多的沉重。

第 49 章 愛你身邊的每一個人

■ 原文

聖人無常心，以百姓之心為心。

善者吾善之，不善者吾亦善之，德善；信者吾信之，不信者吾亦信之，德信。

聖人在天下怵怵，為天下渾其心。

百姓皆注其耳目，聖人皆孩之。

■ 譯文

聖人沒有私心，以百姓之心為心。

善良的人，聖人善待於他，不善良的人，聖人也善待於他，結果可以得到共同善良的效果；誠信的人，聖人誠信於他，不誠信的人，聖人也誠信於他，結果可以得到共同誠信的效果。

聖人治理天下，不懷私心偏見，使人民之心歸於渾樸。

人民都傾注其聽力以傾聽他的教誨，都傾注其視力以模仿他的品行，而聖人把教育培養人民視為自己的天職和使命，就像父母對待自己的孩子一樣。

■ 必修學分：愛你身邊的每一個人

聖人知足、無為，能體悟大道的德性，他們將天地萬物視為一體，沒有分別。所以聖人便沒有私心、沒有偏見，對於善良與不善良的人、誠信與不誠信的人，都是一樣的對待，他真誠地對待別人，別人感覺到了他的真誠，也就自然地從內心尊敬他、愛戴他、樂於傾聽他的教誨、樂於模仿他的品行。

老子所說的，就是我們常說的「同理心」——你如何對待別人，別人也就會怎樣對待你。這就要求我們在生活中愛我們身邊的每一個人。正如《羊皮卷》中所說：「我的理論，他們也許反對；我的言談，他們也許懷疑；我

的穿著，他們也許不贊成；我的長相，他們也許不喜歡；甚至我廉價出售的商品，都可能使他們將信將疑，然而我的愛心一定能溫暖他們，就像太陽的光芒能融化冰冷的凍土。」

愛心是溝通人與人心靈的橋梁，你真誠地愛著別人，別人也會同樣對待你，這樣我們的生活將會更加和諧，人與人之間將會更加融洽。

愛我們身邊的每一個人，這就要你做到容納別人，像得道的聖人一樣，沒有私心，沒有偏見，有的只是愛心。

容納是維生素劑。

每個人都希望自己完完全全地被接受，希望能夠輕輕鬆鬆地與人相處。

在一般情況下和人相處時，很少有人敢於完完全全地暴露自己的一切。所以，若是能讓自我輕鬆自在、毫無拘束，我們是極願和他在一起的，也就是說，希望和能夠接受我們的人在一起。專門找人家錯處而吹毛求疵的人，一定不是個好親人，好朋友。

請不要設定標準，叫別人的行動合乎自己的準則。請給對方一個自我的權利，即使對方有某些不是也無妨。

別要求對方完全符合自己的喜好，以及行動完全符合自己的要求。

要讓你身旁的人輕鬆自在。

容納別人，愛每一個人，往往具有帶動他人向上的最大力量。

美國普林斯頓大學數學家奈許博士，一九五九年，不幸產生了嚴重的心理障礙，剛滿三十歲時就被送進了精神病院。在這之後的十多年中，他病情反反覆覆，成了這家醫院的常客。他常在校園中徘徊遊蕩，煩躁地在圖書館中出出進進，在黑板上莫名其妙地塗寫一些數學公式，成了學校中孤獨的「幽靈」。

在嚴重的心理困頓中，奈許得到了周圍群體的熱情關照和呵護。學校的親朋同事們，時常熱情邀請他參加講座、研討會等學術活動。人們對他親善、友好，一點都不歧視他，這使他逐漸遠離孤獨。

置於被人關心的氛圍中，奈許感到自己被承認是「社會的人」。他從自我壓抑憂鬱的陰影中走了出來，開始主動與同事和學生們接觸交談了。他的社交面越來越廣，對事業的傾注之情越來越深。他的鬱悶之心漸漸被化解，能正常地投入科學研究活動中，他在電腦的操作中，學會了寫程式等複雜的方法。周圍人熱情的關注和他對工作的迷戀，使他增強了生活的信心和勇氣，他的心理障礙漸漸排除了。一九九四年秋，美國普林斯頓大學數學家奈許博士成為當年諾貝爾經濟學獎得者。

奈許走向諾貝爾殿堂的經歷告訴我們：愛是世界上最偉大的東西，在愛的鼓勵下，每個人都能創造奇蹟。

斷章取義：

某位心理學家說：「要改變一個人對你的態度，除了對他表示好意，讓他自己改變之外，再也沒有其他更好的方法了。」

愛是世界上最有威力的武器，它能摧毀困住人們心靈的高牆，讓懷疑與仇恨不復存在，愛會產生更加美好的生活，讓和平永遠成為時代的主題。

第 50 章 生死應順其自然

■ 原文

出生入死。

生之徒，十有三；死之徒，十有三；人之生，動之死地，十有三。

夫何故？以其生生之厚。

蓋聞善攝生者，陸行不遇兕虎，入軍不避甲兵。

兕無所投其角，虎無所措其爪，兵無所容其刃。

夫何故？以其無死地。

■ 譯文

如果人能退出雜欲的羈絆，就能健康地生存；如果人糾纏於無休止的欲念之中，就會因貪欲而致於死地。

生活中，屬於長命的人，占總人數的十分之三；屬於短命的人，也占總人數的十分之三；而那些本該長命的，但卻要走向死亡的人，同樣是占總人數的十分之三。

這是為什麼呢？因為他們求生的心太切，而產生了眾多雜欲紛爭的緣故。

我曾經聽說善於養生的人，他們走在陸地上，不會怕遇到犀牛老虎，進入打仗的戰陣中，不會被兵器所創傷。

犀牛無法對他施用犄角，老虎無法對他施用利爪，士兵也無法對他施用刀劍。

這又是什麼緣故呢？這是因為他們沒有眾多私心雜欲，沒有進入死亡的領地。

■ 必修學分：生死應順其自然

上一章，老子向我們講述了聖人的行為，聖人順從於自然大道，對天地萬物完全沒有分別之心。本章，老子又從另一個方面，講述了為什麼應該沒有分別之心。

因為人有生就會有死，所謂「出生入死」。但這其中還有一個區分，「生之徒，十有三；死之徒，十有三；人之生，動之死地，十有三。」前兩類人順其自然，死得其所，無所遺憾。而後一類人本該長壽，卻因為「生生之厚」，求生心太切，而有了太多的雜欲、紛爭，違背了自然大道而早亡。

對生死有了分別之心，就貪生而怕死，卻早早地死去；對生死沒有差別，就會在任何地方都不會害怕，面對任何事情都會保持冷靜，如此就會長壽。

老子的思想，正如蕭伯納所說：「我沒有讓怕死的心理支配了我的生命，我的報酬是：我沒有白活。」

而中國著名詩人陶淵明，對此更是理解得透徹。在他的近一百多首詩中，幾乎三分之一講到死，每次提到死時，態度是那麼平靜，語氣幾乎都很安詳。他說那些一聽說死就面如土灰的人，其實是不明自然之理。生死對於任何人都是公平的，從三皇五帝到平民百姓，從白髮老翁到黃毛孺子，每個人都要從出生走向墳墓，陶淵明說：

三皇大聖人，今復在何處？

彭祖愛永年，欲留不得住。

詩中提到的彭祖，是傳說中的高壽翁，據說他一生經歷夏、殷、周三個朝代，共活了八百歲。這樣的大壽也免不了一死。三皇、彭祖今天在哪裡呢？接著他在詩中說：

甚念傷吾生，正宜委運去。

縱浪大化中，不喜亦不懼。

應盡便順盡，無復獨多慮。

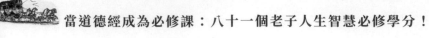

對於死亡過度恐懼，反而有損身體，明智的態度是任其自然，在大自然中自由自在地生活，於生於死，既不害怕也不欣喜，當生命該完結時，就讓它完結，用不著想得太多。

陶淵明於西元四二七年十一月離開人世，在他死前兩個月，他寫了一篇《自祭文》，說自己活了六十多歲，現在死去「可以無恨」，從老年到壽終正寢是物之常理，還有什麼留戀不捨的呢？

斷章取義：

有生就會有死，這是自然的規律，一味地貪生，整日酒肉滋味、飽暖溫厚、服食藥餌，希望能夠長生，這並不是珍惜生命，而是生活在死的威脅之中，到頭來，不但沒有真正地享受生活的美麗，反而是帶著遺憾離去，試問，這一生又有什麼意義？

第 51 章 付出，不要奢求回報

■ 原文

道生之，德畜之；物形之，勢成之。

是以萬物莫不尊道而貴德。

道之尊，德之貴，夫莫之命而常自然。

故道生之，德畜之；長之育之，成之孰之，養之覆之；生而不有，為而不恃，長而不宰。

是謂玄德。

■ 譯文

「道」生育萬物，「德」育養萬物；「道」使萬物有了形態，「德」使萬物得以完善。

所以萬物無不以「道」為尊，無不以「德」為至愛。

「道」之所以受到尊重，「德」之所以受到愛戴，因為它們對萬物不加施為而順其自然。所以，「道」生育萬物，「德」育養萬物；讓其生長，讓其發育，讓其結籽，讓其成熟，照顧萬物，保護萬物。

生育萬物而不據為己有，造就而不自恃有功，扶植而不作主宰。

這就是那深遠玄冥的德。

■ 必修學分：付出，不要奢求回報

珍惜生命並不是叫人貪生怕死，而是要順應自然的規律。那又為什麼應該遵循自然的規律呢？

因為大道生成了萬物，大德養育了萬物，生長而不占有，有功卻不自恃，這就是自然的態度。所以大道才會永遠那麼自然而然、無生無死。而從萬物

的角度來說，有來無往非禮也，你幫助了別人，別人就應該回報你，這就違背了自然的規律，因而有了痛苦和煩惱。

要想沒有痛苦和煩惱，就應順從自然的規律，不占有、不自恃，像大道一樣付出了，就不要奢求回報。

我們立身處世應牢記：付出，不要奢求回報。只有真誠的付出，才會被別人真正的接受，才會有美妙的收成。這不也正是老子的教導，你無為，卻成就了你的有為。對於此，一位朋友向我們講了這樣一件事。

村東有片低窪地，是我家的菜園。小時候，每到春季，父親總愛領著我們在那裡鬆土、起壟、開渠，而後再認認真真地把各式各樣的種子播到田地裡。

忙碌後的父親坐在田頭，抽著菸，滿足地看著整齊的菜地，彷彿真的以為能有所收穫。然而，在我的記憶中，很少能吃上自家種的菜。瓜果成熟的夏季，也正是那片菜地一片汪洋的季節。

父親似乎沒注意到這一點，仍是仔仔細細地種好每一分土地，年年如此。

終於，有一回，我覺得自己大了，而且很聰明。我就告訴父親：「別種了，反正也收穫不了，種也白種。」

父親握著鋤，很平靜地對我說：「我知道，但是，我是農民，即使沒有收成，我也不能看自己的土地留有空白。」

真的長大了，我開始仔仔細細地計算著自己付出與收穫的比例。跟收穫無關的事，我從不考慮。

活著活著，竟發現自己成了天才，而且靈敏度很高。我整天活在平衡之中，終於，我累了。

這時，才又想起了父親那句話：「即使沒有收成，也不能看著自己的土地留有空白。」

　　播種，並不只為了收穫。正如我們給予別人微笑時，不去盼望回以笑臉；付出真情時，不太在意是否有感激的淚水。一切順其自然，對於這樣的人誰又會不喜歡？誰又會不誠心以待呢？

斷章取義：

　　只問耕耘，不問收穫，你就是幸福的人。在你周圍，友誼的光輝普照，你真心付出的，雖然你並不企求回報，但你的確會因你的善行，得到更多真心的回應，你會因此而被眾人所愛，生活在愛的平實、親切之中。

第 52 章 學會從另外的立場來觀看自己

■ 原文

天下有始，以為天下母。

既知其母，復知其子；既知其子，復守其母。沒身不殆。

塞其兌，閉其戶，終身不勤；開其兌，濟其事，終身不救。

見日明，守柔日強。用其光，復歸其明。

無遺身殃，是謂習常。

■ 譯文

天下萬物都有其本始，它是天下萬物的母親。

既知道了這母親，就可以了解她的兒子；既認識了她的兒子，就可以知道他的母親。由此可以終身受用不盡。

塞住貪婪的孔目，關閉嗜欲的門徑，就可以終身沒有危殆。

反之，打開貪婪的孔目，滿足自身的嗜欲，就會終身不可救治。

能夠觀察入微是明智的，能夠守住自己的柔弱反而強大。用這種眼光來觀察世界，將重新恢復理性。

不會給自己留下禍患，這就適應了自然之常道了。

■ 必修學分：學會從另外的立場來觀看自己

前面講了人類為什麼必須遵循自然的規律，本章接著前面講怎樣去遵循自然的規律。

要遵循自然的規律，就應認識自然的德性，認識了自然的德性，還要從自然的角度來認識自己，這樣就可以規範自己的言行，一切順其自然，不妄

加施為了。也就是說，站在自然大道的立場觀看自己，讓自己保持與大道一樣的德性，塞住貪婪的孔目，閉住嗜欲的門徑，堅守柔弱，這樣就無災無害了。

這裡老子教給了我們一種認識的方法，要求我們學會從另外的立場來觀看自己。

我們人類最大的毛病，在於喜歡從自己的角度看自己，不能從另外的立場來觀看自己。

在一座山上住著一戶人家，平日辛勤地耕種，生活還算過得去，只是如果有個額外的開銷，經濟就會變得很吃緊。

這天，主人有一位很久以前認識的朋友，雖然很少見面，但是交情還算不錯，千里迢迢地來訪，讓主人十分高興。

有朋自遠方來，不亦樂乎，所以主人特別要妻子煮一些下酒好菜，兩人高興談論到天明。

誰知道，客人這麼一住下來，就連續住了很長一段日子，而且似乎沒有打道回府的意思。

此時，家裡的菜已經快要吃光了，偏偏正逢梅雨季節，外頭的雨從來沒有停過，無法下山去採買食糧，真是糟糕。

妻子：「你也想想辦法啊！」

主人：「他不走，我總不能請他自己離開吧！」

妻子：「不管你怎麼做，反正沒有米下鍋了、沒菜可吃了，你再不想辦法，我們三個人一起餓死好了！」

越說越氣憤的妻子，說完之後，就拂袖而去，留下不知該如何是好的主人。

隔天，吃完飯後，主人陪著客人聊天，並看看窗外的景緻，談談過往的回憶。這時候，主人忽然看到庭院的樹上有一隻鳥正在躲雨，而且這隻鳥的體型非常大，是以前都沒有見過的鳥類。

於是，主人靈機一動，對著客人說：「你遠道而來，這幾天我都沒有準備什麼豐富的菜餚招待你，真是不好意思！」

客人：「別這麼說，我覺得一切都很好，不但你和嫂子款待周到，而且吃得好、睡得好，感激不盡呢！」

客人：「快別這麼說，有你們的照顧，我真的覺得十分舒適。」

主人：「你看到窗外樹上有一隻鳥嗎？」

客人：「看到了，怎麼啦？」

主人：「我準備拿一把斧頭把樹砍了，然後抓住那隻鳥來煮，晚上我們喝酒時，才有下酒菜呀，你覺得如何？」

客人想了半天，十分疑惑地問：「當你砍樹的時候，可能鳥兒早就飛掉了吧，你怎麼抓它呢？」

主人悻悻然地看著完全不解主人用心的客人，無力地回答：「不會的，在這個人世間，還有更多不知人情世故的呆鳥，大樹都已經倒了，都還不知道要飛呢！」

客人：「真的？有那麼笨的呆鳥嗎？那麼，這種鳥一定讓人傷透了腦筋吧！」

以上這位仁兄，就是一個只會看到自己的人，他不會站在對方的立場去看自己，自然不會明白對方的意思。生活中這樣的例子還很多，如兒女不理解父母而產生隔閡；上級不理解下屬而使下屬不能忠心；看到別人不擇手段追名逐利受到懲罰，而自己不吸取教訓又重蹈覆轍，諸如此類，都是我們人類不會從另外立場思考的緣故啊！

斷章取義：

　　學會從另外的立場認識自己、思考自己，這是很重要的，也是我們最缺少的，這是人生的一大智慧，是化解矛盾、避免災害最好的方法之一，所以我們應常常提醒自己。

第 53 章 成功沒有捷徑可尋

■ 原文

使我介然有知，行於大道，唯施是畏。大道甚夷，而民好徑。

朝甚除，田甚蕪，倉甚虛。服文彩，帶利劍，厭飲食，財貨有餘。

是謂盜誇，非道哉！

■ 譯文

假使我能確信自己認識了「道」的本質，我將義無反顧地行走在這條大道之上，只有偏離大道而走入歧途才是我唯一畏懼的。大道非常平坦，然而人們卻喜歡走偏僻的小道，以此來做為通往幸福的路徑。

朝政極為腐敗，農田一片荒蕪，倉庫很空。而統治者卻衣著華麗，腰掛鋒利的寶劍，飽食精美的食物，財物多得用不完。這無異於強盜的誇耀，多麼地不合「道」啊！

■ 必修學分：成功沒有捷徑可尋

上一章講述了人們怎樣去遵循大道、修習綱常，本章則講述了人們為什麼不去遵循大道而修習綱常。

人們為什麼不去遵循大道、修習綱常呢？

老子說，這是由於「民好徑」的緣故。自從人們有了分別的概念，人們就喜歡以自己的思維方式去思考一切，包括如何遵循大道、修習綱常。人們常常認為遵循大道追求幸福也是有捷徑可尋的，從而放棄了大道，而去走那偏僻的小路，但卻是充滿了凶險的。諸如統治者，如果人民生活十分貧苦，而自己卻獨占人民的辛勤成果錦衣玉食，這就是抄小路去尋找幸福，這就無異於強盜的誇耀了，是自取滅亡。

由此，老子告誡喜歡走捷徑的人，通往幸福的路徑是沒有捷徑可尋的。

記得前幾年發生過這樣一件事：

一次著名企業家報告會上，有一位年輕人向做演講的企業家提出這樣一個問題：「請問您過去走過什麼彎路沒有？能不能為我們年輕人指示一條成功直線，讓我們少走彎路呢？」

沒想到這位企業家乾脆俐落地回答道：「我不承認自己走過什麼彎路，我只知道自己一直走在成功的路上。成功從來就沒有說要擁有它，走一條直線就可以了，成功就像山頂一樣，哪裡有什麼直路可以走呢？」

每個人都想找一條更省力氣的路到達山頂，所以人們常常追問已經登頂的人，哪一條是直通山巔的捷徑。那些從山頂下來的人卻說：「山上哪有什麼捷徑，所有的路都是彎彎曲曲的。想要到達頂峰，還必須要不斷地征服那些根本就看不到路的懸崖峭壁。」

斷章取義：

成功之路，絕非坦途。這個世界上有太多的人夢想坐著飛機達到成功，上帝是公平的，從來就沒有人有這樣的特權。經歷過一些，才能懂得一些。沒有品嘗過失敗的味道，又怎麼能夠告誡自己如何不失敗；沒有體會過等待的苦楚，又怎麼能夠感悟成功的喜悅？

再說，挺有諷刺意味的是，中國有句古話叫做「欲速則不達」。許多想抄近路走捷徑、快一些到達目的地的人卻往往「不達」。還是做好心理準備，踏踏實實地走下去吧！

第 54 章 善於將自己和別人比較

■ 原文

善建者不拔，善抱者不脫，子孫祭祀不輟。

修之於身，其德乃真；修之於家，其德乃餘；修之於鄉，其德乃長；修之於國，其德乃豐；修之於天下，其德乃普。

故以身觀身，以家觀家，以鄉觀鄉，以國觀國，以天下觀天下。

吾何以知天下之然哉？以此。

■ 譯文

善於以「道」建立豐功偉績的人，其功績是不可動搖的；善於以「道」抱持精神的人，其崇高的道德之心永遠不會失落。這樣子子孫孫的祭祀便可以永不斷輟。

以「道」修身，其「德」才會純真；以「道」修家，其「德」才會盈餘；以「道」修鄉，其「德」才會長久；以「道」修國，其「德」才會昌盛；以「道」修天下，其「德」才會普博。

而修習大道的效果要以個人比個人，家比家，鄉比鄉，國比國，天下比天下。

我怎麼知道天下的情況呢？靠的正是這種方法。

■ 必修學分：善於將自己和別人比較

遵循大道的人，其功勛不可動搖、其道德之心永遠不會失落。正是由於他的道德程度很高，無私無畏地做出了許多豐功偉績，為後人留下了寶貴的物質和精神的財富，所以後人會思念他、景仰他，永遠祭祀他。

因此一個人修「道」，他的「德」是真實可靠的，一家人修「道」，相互沒有干擾、行善積德，大家齊心協力，所以累積的「德」就多；一鄉人、

一國人、全天下人一起修「道」，大家互相幫助、行善積德蔚然成風，且相互學習，當然「德」就會長久、豐富、普照天下。而怎樣看出修習大道的結果呢？

老子教給了我們一種比較的方法：以人比人、家比家、鄉比鄉、國比國、天下比天下，自然知道了修「道」習「德」的好處了。

修練道德如此，一個人若想要進步也應如此，俗話說：「尺有所短、寸有所長。」再聰明的人也有缺點，我們應認知到這一點。只有用自己去與別人比較，你才能真正明白自己缺少什麼，應該如何去做。

王曉曉，一商海淘金者，下海經商，可沒過多久，他發現自己開的服裝店只虧不賺，自己一分錢沒賺著，還倒貼了幾個月的房租，他想了許久也不知是何緣故，最後他將原因歸結為開店的地址不好，周邊有好幾家同樣的店。就這樣又過了幾天，一天下午，閒著沒事，他就到周圍的幾家店轉轉，發現那幾家生意都很興隆，起初顧客只是抱著進去看一看的念頭，由於老闆的熱情，不知疲倦地推薦，於是產生了購買的欲望，老闆也算沒有白費口舌。這讓王曉曉收穫很大，以前顧客去他店中，他總是靜觀其變，對決定購買的顧客抱以熱情，對只是看一看的顧客卻毫無耐性，只招呼一會兒就坐一邊休息去了。回去後他總結了自己的不足，決定向別人學習，學習別人熱情、不知疲倦的精神。你猜後來怎樣？他像換了個人似的，生意也逐漸好起來，現在已經擁有了好幾家分店了。

這只是善學者的冰山一角。老子在本章講述的比較的方法，也就是我們念書時，老師經常告訴我們的榜樣，只有看到了別人的長處，學習別人的長處，我們才能有更多的德行，有更多的優勢，成就更大的事業。

斷章取義：

我們最難看清的就是我們自己，就猶如你開車，風馳電掣，你卻仍想加速，此時你若看看周邊其它車輛，慢若老婦，你便會放慢速度。這是何故？是因為那參照物的作用，我們每個人都需要參照物，以我們身邊優秀的人為鏡，我們便會不斷完善、不斷進步。

第 55 章 物極必反

■ 原文

含德之厚，比於赤子。

毒蟲不螫，猛獸不據，攫鳥不搏，骨弱筋柔而握固。

未知牝牡之合而峻作，精之至也；終日號而不啞，和之至也。

知和日常，知常日明，益生日祥，心使氣日強。

物壯則老，謂之不道，不道早亡。

■ 譯文

道德深厚的人，就好比嬰兒那樣柔和無欲。

毒蟲不刺他，猛獸不撲他，厲禽不抓他，他的筋骨雖然顯得很柔弱，但他抓東西卻很牢靠。

他不懂得男女交合，但生殖器卻能勃起，這是因為他精氣充沛之至啊。

他整天啼哭，但嗓子卻不嘶啞，這是因為他內心柔和之極啊。

知道和氣會日益止常，知道正常會日益明智；貪生縱欲會日益遇妖祥，用心縱使精氣會日益成剛強。

事物達到了強壯就會衰老，這叫做背離大道，背離大道就接近了死亡。

■ 必修學分：物極必反

遵循大道的人，就會有深厚的涵養，就會像嬰兒一樣身心中和，一切順其自然。

能夠保持和氣就是遵循大道；認識了遵循大道的道理，就會無災無害，一切吉祥，人一旦貪圖生活中的快樂，放縱自己的情欲，就會有災難出現；一旦用心去使喚自己的精力血氣，那就會變得剛強起來。

而剛強之後就會衰老，這就是「物極必反」的道理。

人生在世，七情六欲。欲望本非壞事，欲望、欲求，這正是人生之本的內在原動力。

正是因為人有了欲望、欲求，才會有人的理想、信念、追求，才會有科學的進步，有各種物質和精神的建樹。但是欲求難得有度，失度就會貽害無窮。放縱情欲、物欲就會迷失本性，墜入欲望深淵，這就是「物極必反」的詮釋了。

有這樣一則故事：

一天，一個老頭在森林裡砍柴。他舉起斧頭正準備砍一棵樹，突然從樹上飛出一隻金嘴的小鳥。

小鳥對老頭說：「你為什麼要砍倒這棵樹呀？」

「家裡沒柴燒。」

「你不要砍倒它。回家去吧，明天你家裡會有許多柴的。」說完，鳥就飛走了。老頭空手回到家，他對老伴說：「上床睡覺吧，明天家裡會有許多柴的。」第二天，老伴發現院子裡堆了一大堆柴，就叫老頭：「快來看，快來看，誰在我們家院子裡堆了這麼一大堆柴！」

老頭把遇到了金嘴鳥的經過告訴了老伴，老伴說：「柴是有了，可是我們卻沒有吃的。你去找金嘴鳥，讓牠給我們一點吃的。」

老頭又回到森林裡的那棵樹下。這時，金嘴鳥飛來了，牠問：「你想要什麼呀？」老頭回答說：「我的老伴讓我來對你說，我們家沒有吃的了。」

「回去吧，明天你們會有許多吃的東西的。」金嘴鳥說完又飛走了。

老頭回到家，對老伴說：「上床睡覺吧，明天家裡會有許多食物的。」

第二天，他們果真發現家裡出現了許多肉、魚、甜食、水果、酒和想要的食物。他們飽餐了一頓後，老伴對老頭說：「快去找金嘴鳥，讓牠送我們一間商店，商店裡要有許許多多的東西，這樣，往後我們的日子就舒服了。」

老頭又來到了森林裡的那棵樹下。金嘴鳥飛來問他：「你還想要什麼？」

「我的老伴讓我來找你，她請你送給我們一間商店，商店裡的東西要應有盡有。她說，這樣我們就可以舒舒服服地過日子了。」

「回去吧，明天你們會有一間商店的。」金嘴鳥說。

老頭回到家把經過告訴了老伴。

第二天他們醒來後，簡直都不敢相信自己的眼睛了。家裡到處都是好東西：布匹、鈕扣、鍋、戒指、鏡子……真是應有盡有。老伴仔細地清理了這些東西以後，又對老頭說：「再去找金嘴鳥，讓牠把我變成王后，把你變成國王。」

老頭回到森林裡，他找到了金嘴鳥，對牠說：「我的老伴讓我來找你，讓你把她變成王后，把我變成國王。」

金嘴鳥冷冷地望了一下老頭，說：「回去吧，明天早上你會變成國王，你的老伴會變成王后的。」

老頭回到家，把金嘴鳥的話告訴了老伴。

第二天早上醒來，他們發現自己穿的是綾羅綢緞，吃的也是山珍海味，周圍還有著一大群的侍臣奴僕。

可是，老伴對此仍不滿足，她對老頭說：「去，找金嘴鳥去，讓牠把魔力給我，讓牠來宮殿，每天早上為我跳舞、唱歌。」㻩

老頭只好又去森林找金嘴鳥，他找了許久，最後總算又找到了牠。老頭說：「金嘴鳥，我的老伴想讓你把魔力給她，她還讓你每天早上去為她跳舞唱歌。」金嘴鳥憤怒地盯著老頭，牠說：「回去等著吧！」

老頭回到家，他們等待著。

第二天起床後，他們發現自己被變成了兩個又小又矮的人。

欲求太多，結果落入了欲望的深淵，自己害了自己。遏止欲望的膨脹，古人開列了幾帖藥方：當你色欲像烈火一樣燃燒起來的時候，想一想病魔纏

身的痛苦；當你感到功名利祿的甘美時，想一想死神向你招手的情景。彌留之際，言語悲傷不安，氣味腥臭難聞，呼多吸少，身體逐漸僵冷，萬念俱灰。以如此方法控制自己的欲望而修習德性，欲望自然逐漸減少，慈悲和智慧自然增加，你會大有作為的。

斷章取義：

欲求人人都有，但並非人人都懂得節制。合理地順乎人的本欲，度量有節，可說是很有智慧的了。

第 56 章 聰明人懂得如何將自己混同於世俗之中

■ 原文

知者不言，言者不知。

塞其兌，閉其門；挫其銳，解其紛；和其光，同其塵。

是謂玄同。

故不可得而親，亦不可得而疏；不可得而利，亦不可得而害；不可得而貴，亦不可得而賤。

故為天下貴。

■ 譯文

能夠知道自然之道奧妙的人，無法用恰當的言語予以表達；凡是能用言語表達出來的，說明他並不了解自然之道的奧妙。

如果要了解自然之道的奧妙，就必須作到以下幾點：

消除一切輕薄浮躁，排除一切紛繁雜念；隱去一切逼人鋒芒，消解一切事俗糾紛；和緩一切耀眼光芒，將自己混同於世俗之中。

這就符合大道了，叫做「玄同」。

因此人們無法與他親近，也無法與他疏遠；無法使他得利，也無法使他受損；無法讓他高貴，也無法讓他卑賤。

所以，這種境界為天下人所寶貴、所嚮往。

■ 必修學分：聰明人懂得如何將自己混同於世俗之中

「人不知，而不慍，不亦君子乎！」可見人不知我，我心裡一定會老大不高興，這是人之常情，尤其是年輕人，總是希望在最短的時間內，就使別

166

人知道自己是個不平凡的人。要使別人知道自己，當然是要引起大家的注意，顯示出自己有別他人的才能，這可以說是逼人的鋒芒、耀眼的光芒。

某人在年輕時代以備有「三頭」自負，即筆頭寫得過人、舌頭說得過人、拳頭打得過人。在學校讀書時，已是一員狠將，不怕同學，不怕師長，以為他們都不及他，初入社會，還是這樣，結果得罪了許多人，受到了許多懲罰。

這樣的人其實並不聰明，若仔細看看我們周圍的一些有人緣的人，卻恰好相反。「和其光，同其塵」，個個深藏不露，好像他們是庸才，誰知他們的才能，頗有出於眾人的；好像個個都很訥言，誰知頗有雄才大略而不願久居人下的，但是他們卻不肯在言語上、行動上顯露自己，這又是什麼原因呢？

對此，老子在本章為我們做了充分的解答，這就叫做「玄同」，也就是「塞光閉目」、「挫銳解紛」、「和光同塵」的做法，這樣就不會受到傷害了。

而上面那些聰明的人，他們的出發點也正在於此，他們怕自己耀眼的光芒得罪了別人。得罪了的人，便成了自己的阻力，成了自己的破壞者，如果四周都是阻力或破壞者，在這種形勢之下，你的立足點都會被推翻，哪裡還能實現自己求知於人的目的呢？

斷章取義：

俗話說，久病亦醫，年輕人在受足了痛苦和教訓之後，才知道自己的錯誤，才明白，原來是自己為自己的前途設下了荊棘，能及時悔過，是值得慶幸的。聰明人懂得如何將自己混同於世俗之中，所以他就少有阻礙，而有好的人緣，試想這樣的人，何愁不能得到別人的認同幫助，而自己在合適時機的恰當顯露，更能讓自身取得大的成功。

第 57 章 讓下屬自由發揮

■ 原文

以正治國，以奇用兵，以無事取天下。

吾何以知其然哉？以此：

天下多忌諱，而民彌貧；民多利器，國家滋昏；人多伎巧，奇物滋起；法令滋彰，盜賊多有。

故聖人云：我無為而民自化，我好靜而民自正；我無事而民自富，我無欲而民自樸。

■ 譯文

以正道來治理國家，以詭奇計謀用兵，以不擾民來治理天下。

我是怎麼知道這樣的道理的呢？是根據以下這一些：

天下的禁忌越多，則民眾越容易惹事生非；君王的權利欲望越重，則國家越容易混亂；君王的智謀偽巧越多，則怪詐之事越容易發生；法令越加森嚴，盜賊反而不斷地增加。

所以聖人說：我什麼也不做，人民自然育化，我安分，人民自然守規矩。

我不攪擾人民，人民自然富足，我沒有私欲，人民自然純樸。

■ 必修學分：讓下屬自由發揮

上一章，講了智慧者的作為，本章則講述了統治者該如何作為。用清靜無為、順其自然的方法來治理國家，用奇詭變幻、出神入化的策略去行軍打仗，用垂拱而治、無所事事的政策來要求百姓，這就是統治者正確的治理的方法──無為而治。

這無為而治又是如何理解到的呢？

從它的反面得到的。統治者的禁忌越多、權利欲望越重，人們觸犯法律的機會也就越多，所謂的盜賊，也就跟著多起來了，這樣國家自然也就會混亂了。

統治者就如同一個企業的領導者。從老子的思想中去體味一些領導的原則，就是身為領導者應懂得無為而治；懂得放權，讓你的下屬有自由發揮的空間。

美國有一個名叫漢斯的人，他憑藉自己的努力，把先前自己兩家小小的店鋪，發展成了幾家大型的百貨商店。但公司的規模擴大後，漢斯依然採用管理小店鋪的老辦法進行管理。事無巨細，都要過問，哪個管理者做什麼，該怎麼做；哪個員工做什麼，該怎麼做，他都安排得非常細膩，並有嚴格的規範。結果，有一次，他因業務外出，還不到一週，反映公司大小問題的信件、電話和訊息就源源不斷地寄給了他，而且盡是些無關企業大局的小事，聽候他的處理。這迫使漢斯不得不趕緊打道回府。

真正的企業家舉重若輕，抓大權而放小權，漢斯是個不懂得如何運用權力的人，所以漢斯儘管累得四腳朝天，也管理不好他的百貨事業。

斷章取義：

如果企業的領導者包辦一切，事無巨細，什麼都管得緊緊的，而不給其下屬以一定的自由和權力，那麼，領導者不僅要累死，也極容易在企業裡培養出一批不願動腦、沒有開創和開拓精神的員工。有些領導者雖然給了下屬一定的空間，但有時候，對下屬又不放心，進行越權指揮，長此以往，下屬就會感到有職無權，走人也就是意料之中的事了。

第 58 章 不以物喜，不以己悲

■ 原文

其政悶悶，其民醇醇；其政察察，其民缺缺。

禍兮福之所倚，福兮禍之所伏。

孰知其極，其無正也。

正復為奇，善復為妖。

人之迷，其日固久。

是以聖人方而不割，廉而不害，直而不肆，光而不耀。

■ 譯文

君子施政寬厚，人民就會淳樸；君主施政嚴苛，人民就會狡詐。

災禍啊，幸福就倚傍在它旁邊；幸福啊，災禍就潛伏在它之下。

誰能知道它們的究竟？實在是沒有一個準呀。

正常忽而轉變為怪異，善良忽而轉變為邪惡。

對此人們迷惑不解，這日子是由來已久了。

所以，聖人的行為方正卻不傷人，尖銳卻不刺人，直率卻不放肆，光亮卻不耀眼。

■ 必修學分：不以物喜，不以己悲

本章接續上一章，繼續講聖賢的統治者該如何作為，才合乎大道。

統治者無為而治，應該是最理想的境界，但往往統治者生怕自己的政策不明、法令不嚴，所以絞盡腦汁來對待百姓。結果，百姓自然而然地生出對抗來，變得無比狡點聰明、奸偽日生。

在這個世界上，有許多好的事物往往會成了一件壞事的開端，而壞事在一定的條件下，也會變成好事。所以智者說，禍和福是可以相互轉化的。統治的行動本出於好意，可卻導致了壞結果，由此，老子也說：「禍福相倚」，這其中的確包含了深刻的生活哲理。

從前有一個農夫，用草搭遮在籬笆上，一天，他聽到草裡發出吱吱的叫聲，撥開草居然捉得一隻山雞，他喜出望外，就用草遮擋起籬笆，希望能再從那裡捉到山雞。第二天他去仔細聽，那裡邊又發出先前那樣的吱吱聲，忙撥開草卻抓到了一條毒蛇，他的手被蛇咬傷，很快就中毒死去了。

「福兮禍之所伏」，生活中不愉快的事情，常常發生在那些得意的事情之中，這是由於人們只看到利益的一面，而看不到禍害的一面，只知道生存的快樂，而不知道還有痛苦。正如那農夫，高興之餘卻是災難來臨之時。農夫的故事可以做為我們人生的重要戒忌。

同樣，「禍兮福之所倚」，面對不愉快、災難也不必絕望，因為災禍背後常倚伏著幸福。《孔子·說符篇》中記載了一則小故事：

宋國有一家善行仁義的人，三代不懈，有一天，家裡的黑牛生下了一隻白牛犢，覺得奇怪，因而去問孔子，孔子說是吉祥的徵兆，但是過了一年，父親的眼睛無故瞎了；接著，牛又生下一隻白牛犢，一年後兒子的眼睛接著瞎了。後來楚國攻打宋國，年輕力壯的人大多戰死，而這對父子因眼瞎而躲過兵役，保全了性命。等到楚國停止攻打，他們的眼睛就好了。

福禍相倚，誰又能說得那麼準確？倒不如和諧地去面對一切，透過長遠時空、利弊並重地思考問題，這樣自然就產生了「不以物喜，不以己悲」的平常心。這種平常心帶來了生活中的和諧，以及那待人的寬容心。

斷章取義：

福禍相倚。我們如果遭受災禍而能吸取教訓，就可以讓災禍成為過去，而讓幸福來臨；如果我們在幸福之中驕奢淫逸，那麼幸福會離開，而讓災禍來臨。因此，聰明的人知道，聞喜不喜，見怪不怪，禍至不懼，福至不喜，對待福禍，只憑一顆平常心。

第 59 章 做人應對自己「吝嗇」一點

■ 原文

治人事天，莫若嗇。

夫唯嗇，是謂早服。早復是謂之重積德。

重積德則無不克，無不克則莫知其極。

莫知其極，是以有國。

有國之母，可以長久。

是謂深根固蒂，長生久視之道。

■ 譯文

治理人民、事奉自然，沒有比節儉、愛惜物力財力人力資源更重要的了。

說到節儉、愛惜，就是早做準備，早做準備就是不斷積德。

不斷地積德就什麼都可以戰勝，什麼都可以戰勝，就是無法估計他的力量。

無法估計他的力量，就可以擔當治理國家的重任。

掌握了治理國家的法則，就可以長治久安。

這就叫做根深蒂固，是與世長存的大道。

■ 必修學分：做人應對自己「吝嗇」一點

在老子的思想中，所謂「不爭」、「無欲」和「無為」，是所有生物均可採用的方式。而對於人類來說，要使這樣的行為能夠得到具體落實，則需要有相當堅強牢固的心理支持。關於「無為」的心理支持，老子在其他章已經反覆提及，就是無欲。我們已經知道，在老子心中欲望之源是：文字、技巧、發明、智慧、知識、權力、財貨等，所以，老子在此所提到的消除和減少欲

望的基本原則，就是「嗇」的運用。他說：「治人事天，莫若嗇。」、「嗇」，愛也，在此可以引申為愛惜、節省或收藏，老子又透過一組排比句，強調了重要性。

「嗇」就是早做準備，早做準備就是不斷積德，不斷積德就什麼都可以戰勝，什麼都可以戰勝，就可以享有一個國家，享有一個國家並擁有了治國法則，就可以長治久安了。

老子在此把「嗇」做為治國和治人事天的準則，把「嗇」的特質做為國家的根本，國家或個人從「嗇」做起，逐漸擴大為重積德，無不克，莫知其極，就等於為國家或個人逐步建立了牢固的基礎。

其實細想一下我們身邊的有識之士，大都善於以「嗇」來嚴格要求自己。

德國出生的美籍物理學家愛因斯坦，還未成名時，一位朋友在紐約街頭碰見他，問他：「你怎麼穿得這麼破舊？」他回答道：「沒關係，反正這裡沒有人認識我。」幾年後，愛因斯坦成了全世界聞名的大學者。一次，那位朋友在紐約街頭又碰見了他，驚異地問：「你怎麼還穿得這麼破舊呀？」愛因斯坦笑了笑說：「反正這裡的人們都認識我了。」

被稱為「船王」的包玉剛，《財富》雜誌估計他的財富超過十億美元。但他崇尚簡樸，一直堅持把吃剩的菜放在冰箱裡，下一頓熱一熱再吃。外孫吃剩一半的蘋果，包夫人悄悄吃掉，從不浪費。一次，大女兒看見同學穿著紅皮涼鞋，很是羨慕，就要父親也買一雙給她，包玉剛問：「你腳上穿的是什麼呀？」女兒說：「皮涼鞋啊！」包玉剛說：「你有涼鞋穿了還買什麼涼鞋！」一次，包夫人幫女兒的褲子膝蓋處補了兩塊補丁，女兒噘起嘴不願穿，媽媽告訴女兒：「你瞧，你爸睡衣上也打了補丁呢！」這位船王省吃儉用，卻將成億成億的捐款支援國家社會的建設，他多次出資協助建大學、辦工廠、開醫院、修機場。

這些有識之士，他們不當守財奴，不把金錢做為自己追求的最終目標，這就是「嗇」，是一種品德，也是一種智慧。

斷章取義：

　　對於一個對待自己能夠做到節儉和吝嗇的人，我們可以確認，即使他還沒有徹底地消除欲望，也已經把欲望減少到一定程度了；極端節儉的人（當然並不是財迷）固然不必斷絕七情六欲，卻必然是個有欲望而知道收斂的人，他們對於地位、名聲、權力、金錢、財貨及女色等，並不狂熱，他們由此為自己做人及成功建立了牢固的基礎，自然不會有什麼危害了。

第 60 章 把道德置於心靈之中

■ 原文

治大國，若烹小鮮。

以道蒞天下，其鬼不神；非其鬼不神，其神不傷人；非其神不傷人，聖人亦不傷人。

夫兩不相傷，故德交歸焉。

■ 譯文

聖人治理大國，就猶如加工一道美味的小菜一樣，輕而易舉、得心應手。

用「道」來治理天下，那鬼怪就不敢鬧事了。

不是鬼怪不鬧事，是因為鬼怪鬧事也傷害不了人。

鬼怪鬧事傷害不了人，聖人也不會傷人。

這兩者都不傷人，所以，百姓都接受道德而天下太平了。

■ 必修學分：把道德置於心靈之中

對於遵循大道的聖人來說，治理大國就猶如加工一道美味的小菜一樣，輕而易舉、得心應手。因為用大道去治理天下，使每一個人都把大道的德性置於自己的心靈之中，那麼各種自私、邪惡、不止當、非法的意念，就不會在每一個人的心靈中產生。道德在人們的心靈中存在，使這些鬼怪的東西根本沒有容身之地，因此它們再也不能敗壞人們的心靈，並誘使人們墮落犯罪了。

也就是說，「境由心生」，你的心決定了你的作為，你的心被道德占據著，自然就會依照道德去行事；反之，你的心中充滿了自私、邪惡、不正當的意念，自然會做一些有悖道德，甚至是一些違法的事情。

中國著名的紅頂商人胡雪巖，就是把道德置於自己心靈之中的典範。

胡雪巖的錢莊開業不久，接待了一位存入阜康錢莊一萬兩銀子，卻既不要利息，也不用存摺的特殊客戶。這位客戶就是那位綠林軍軍官羅尚全。他將銀子存入胡雪巖的阜康錢莊，既不要利息，也不要存摺，一是因為相信阜康錢莊的信譽，他的同鄉劉慶生經常在他面前提起胡雪巖，而且只要一提起來，就讚不絕口。二來也是因為自己要上戰場，生死未卜，存摺帶在身上也是一個麻煩。

得知這一情況，胡雪巖當即決定，第一，雖然對方不要利息，自己也仍然以三年定期存款的利息照算，三年之後來取，本息付給一萬五千兩銀子。第二，雖然對方不要存摺，也仍然要立一個存摺，交由劉慶生代管。因為做生意一定要照規矩來。

羅尚全後來果然在戰場上陣亡了。陣亡之前，他委託兩位同鄉將自己在阜康錢莊的存款提出，轉至老家的親戚。羅尚全的兩位同鄉沒有任何憑據，就來到阜康錢莊，辦理這筆存款的轉移手續，原以為會遇到一些刁難的情境或麻煩，甚至怕阜康錢莊會就此賴掉這筆帳，不料阜康錢莊除為了證實他們確是同鄉，讓他們請劉慶生出面做個證明之外，沒費一點周折，就為他們辦了手續，這筆存款不僅全數照付，而且還照算了利息。

胡雪巖將道德置於自己的心靈之中，所以，他能取信於人、生意興隆。但環視我們周圍，表面上有道德，內心卻奸詐無比者甚多，這樣的人去做事，哪怕像那「烹小鮮」的小事，也不會成功，甚至會有大的損失。

斷章取義：

一個人只有將道德置於自己的心中，他的心中才不會有自私、邪惡、不正當的意念。倘若一個人只是表面上裝作有道德的模樣，即使他裝得很逼真，也終有露餡的那一天，終會被他心中的無德所害。

第 61 章 遇弱示強、遇強示弱的生存策略

■ 原文

大國者下流，天下之交，天下之牝。

牝常以靜勝牡，以靜為下。

故大國以下小國，則取小國；小國以下大國，則取大國。

故或下以取，或下而取。

大國不過欲兼畜人，小國不過欲入事人。

夫兩者各得其所欲，大者宜為下。

■ 譯文

大國，要做到像江海一樣處於最謙下的地位，成為天下各國交會的中心，成為天下各國的母體。

母體守靜守柔常以柔靜戰勝強暴，這是因為柔靜屬於謙下。

所以大國對小國謙下，就可以取得小國的歸附。

小國對大國謙下，就可以取得大國的庇護。

所以，或以謙下取得歸附，或以謙下取得保護。

大國不過是希望兼併眾小國，小國不過是希望生存於大國之間。

這樣雙方都可以達到自己的願望，而大國更應該注意謙下一些。

■ 必修學分：遇弱示強、遇強示弱的生存策略

老子在本章繼續講述治國的策略。大國對待小國應該謙下，這樣才能取得小國的歸附；小國謙下地對待大國，才能得到大國的保護。

這是治國的策略，對於普通人來說相距甚遠，但我們也不能不折服於老子的睿智，他的治國理念，還隱約可見一種適用於常人的生存策略。

（一）遇弱示強

當你碰到了實力較你弱的對手，那麼就要顯露你比他「強」的一面，這並不是為了讓他來順從你，或滿足你的虛榮心，而是弱者普遍有一種心態，誰甘願一上場就做弱者，因此他會在周圍尋找對手較量，藉此證明他也是一個「強者」，你若在弱者面前也示弱，正好引爆對方的殺機，徒增不必要的麻煩與損失。示強則可使弱者望而生畏，知難而退。不過，這裡的示強是預防性的，而不是侵略性的。若你判斷錯誤，碰上一個「遇強示強」的對手，那你不是輸得很難看嗎？

世界上的事情，都不是以我們個人的意志就能夠主宰的，所謂「天有不測風雲，人有旦夕禍福」。因此，我們必須隨時隨地以變化的心態看待社會和人，做好處亂不驚、隨機應變的心理準備，這樣才能遊刃有餘，以不變應萬變，使自己永遠掌握主動權，從而立於不敗之地。

「遇弱示強」似乎與老子的思想很不相符，其實不然，因為老子所說的大國與小國，實力對比是非常明顯的，我們這裡「遇弱示強」之法，就是要你先確立自己大國的身分，當對方承認你是大國之後，對方自然對你沒了攻擊之心，而此時你對他再謙下一些，他自然視你為依靠，你因此而充分掌握了主動，成了名副其實的號令者。

（二）遇強示弱

如果你碰到了一個有實力的強者，那麼，你不必為了面子而與他爭強，爭鬥結果你有可能毀了自己。因此不妨示弱來化解對方的戒心。以強欺弱，勝之不武，大部分的強者是不做的。但也有一些具有侵略性的強者有欺負弱者的習慣，因此示弱也有讓對方摸不清你的虛實，降低對方攻擊的有效性，一旦他攻擊失敗，他便不可能再動手，而你便獲得了生存的空間，並反轉兩者態勢，他再也不敢隨便動你。至於要不要反擊，你要慎重考慮，因為反擊

時你也會有損傷，這個利害是要加以權衡的。何況還沒有到一定要擊敗對方的地步，存在才是主要目的。

斷章取義：

以上這兩種生存策略，都有謙下的共同之處，我們之所以主張謙下，是因為「強」與「弱」、「大」與「小」，並不是一成不變的，正所謂「風水輪流轉」，誰又能預料到未來的變化呢？你是強者、大者、你去欺侮弱者、小者，說不定哪一天你就成為了弱者，那你也只有等待被人欺侮的分了。

第 62 章 沒有「扶不起的阿斗」

■ 原文

道者，萬物之奧。善人之寶，不善人之所保。

美言可以市尊，美行可以加人。

人之不善，何棄之有？

故立天子，置三公，雖有拱璧以先駟馬，不如坐進此道。

古之所以貴此道者何？不曰以求得，有罪以免耶？故為天下貴。

■ 譯文

大道為萬物之藏，無所不容。它是善人的法寶，也是不善之人要保持的對象。

善良之人擁有了大道，他美好的言辭可以博得別人的尊敬，他美好的行為可以贏得別人的敬重。

即使不善之人，又怎麼能拒絕別人美好的言辭和美好的行為呢？

所以帝王登基，三公就任，雖有金玉、車馬做獻禮，但是還不如用「道」做獻禮。

古人之所以重視這個「道」，是為什麼呢？難道不是因為有求必應，有罪可以求得赦免嗎？所以，「道」才會被天下人所珍視啊。

■ 必修學分：沒有「扶不起的阿斗」

上一章講大國如何用大道對待小國，小國如何用大道對待大國。這一章則講善人與不善之人如何重視大道。

人生活在大道之中。善良的人做事要合乎大道，所以視它為珍寶；不善良的人雖不願遵循大道，可一旦違背了大道，就會受到懲罰，所以大道也是不善良之人要保持的對象。

善良的人擁有了大道，他優美的言辭可以博得別人的尊敬，他美好的行為可贏得別人的敬重，從而能夠影響他人，使不善良的人得到教化。由此，老子提出「人之不善，何棄之有？」既然不善良的人可以教化，做為統治者，你又怎麼能將他們拋棄呢？

同樣，在一個企業中，存在的那所謂的「扶不起的阿斗」，也就是指那些在上級眼裡一無是處、完全不行的部屬；換句話說，在上級眼中，這樣的部屬跟垃圾差不多，甚至連垃圾都不如，因為垃圾還尚可回收利用。

不少領導者，對這種部屬都抱著完全絕望的態度，棄而不用，既浪費了資源，又讓那些「扶不起的阿斗」深受挫折，可謂失敗！然而，那樣的部屬真是「扶不起來的阿斗」嗎？他們真的一無是處、連垃圾都不如嗎？答案是否定的。領導者應該切記，即便是「不行的部屬」，加以再教育之後，有些仍具有託付重任的可能。在「不行」的部屬中，容易加以再教育並加以活用的類型有：「深藏不露」型——具有能力卻尚未完全發揮出來者；「面臨瓶頸」型——儘管工作勤勉賣力，卻始終無法有所突破或進展。這些都是尚有造就希望的部屬。

不易加以活用的部屬有：

累贅型；愛說歪理型；放棄型；唐吉訶德型；公私混淆型；滿腹怨怒型。

問題型的部屬則為：

獨斷專行型；獨行俠型。

在同一個企業組織中，通常存在著「不行的」部屬，但也不乏能幹而「朝氣十足的」部屬，這種良莠並存的矛盾，委實令人百思不解。

「不行的部屬」相當於下面理論中的說法：

一般人原就具有好逸惡勞的傾向，且大多試圖盡可能地不要去工作；由於這種「討厭工作」的傾向，因此大多數的人，往往只有在遭受強迫、統治、命令或被威脅將施予處罰時，才會使出全力、賣力工作；絕大部分的人，均

比較喜歡接受命令，藉此擺脫責任的承擔。同時，大多均不具野心或抱負，而希求安安穩穩的情況。

由此可見，領導者對於公司中若干「不行的部屬」不必感到絕望，而須針對個別類型施予指導，這就叫「變廢為寶」。

斷章取義：

不善良的人尚可以教化，使他改過；垃圾尚可以回收利用，變廢為寶，又何況是活生生的人呢？？說不定那「扶不起的阿斗」還會成為你最得力的助手呢！

第 63 章 防微杜漸

■ 原文

為無為，事無事，味無味。

大小多少，報怨以德。

圖難於其易，為大於其細。

天下難事，必作於易；天下大事，必作於細。

是以聖人終不為大，故能成其大。

夫輕諾必寡信，多易必多難。

是以聖人猶難之，故終無難。

■ 譯文

以無為之心去作為，以無事之心去做事，以無味之心去品味。

以小為大，以多為少，用恩德來對待仇冤。

處理困難要從容易著手，做大事要從細小入手。

凡是天下的難事，必定從容易開始；凡是天下的大事，必定從微小的事情做起。

因此，聖人始終不自以為偉大，所以才能成就他的偉大。

凡是輕易許諾，必然會失去信用，凡是把事情看得簡單，必然會困難重重。

因此，聖人總是認真對待困難，所以，他才反而沒有困難。

■ 必修學分：防微杜漸

老子在本章闡述自己對生活的理解。在此，老子把自己的無為思想在人生領域廣泛發揮，本著無所作為、無所事事和無聲無息的生活態度，老子提

出了為後世讚嘆的「以德報怨」思想，他說：「為無為，事無事，味無味。大小多少，報怨以德。」老子關於無為思想的論述，幾乎貫穿於整個《道德經》中的各個章節之中，前面已經講得很多，儘管如此，由於每一個章節的側重點不同，就使無為每每有新意湧現。

老子接下來論述了天下事的形成道理，他說：「圖難於其易，為大於其細。天下難事，必作於易，天下大事必作於細。是以聖人終不為大，故能成其大。」這段話著重說明了處理任何事物都是從容易到困難、從微小到龐大的規律，最後歸結到每個人都必須重視困難，才會有效地應付困難。這些教導，後來演變為「防微杜漸」的格言。

「防微杜漸」是我們立身處世必須注意的問題，對此，美國著名的醫生阿爾伯特·哈伯德感悟頗深。

那是在克尼斯納，一個老伐木工人正在解釋如何伐樹。他指出，要是你不知道哪棵樹砍了會倒在哪裡，就不要去砍它。「樹總是朝支撐少的那一方倒下，所以你如果想使樹朝哪個方向倒下，只要削減那一方的支撐便可以了。」他說。我半信半疑──稍有差錯，我們就可能一邊損壞一棟昂貴的小屋，另一邊損壞一棟磚砌車庫。我滿心焦慮，在兩棟建築物中間的地上畫一條線。老伐木工人朝雙手啐了一下，揮起斧頭，向那棵巨松砍去。樹身底處粗一公尺多。他的年紀看來已六十開外，但力氣十足。

約半個小時後，那棵樹果然不偏不倚地倒在線上，樹梢離開房子很遠。我恭賀他砍伐如此準確，他有點驚訝，但沒說什麼。不到一個下午，他已將那棵樹伐成一堆整齊的圓木，又把樹枝劈成柴薪。我告訴他，我絕對不會忘記他的砍樹心得。他把斧頭扛在肩上，正要轉身離去，卻突然說：「我們運氣好，沒有風。要提防風。」

老伐木工人的言外之意，我在數年後接到關於一個心臟移植病人的驗屍報告時，才忽然明白。那次手術想像不到的順利，病人的復原情況也極好。然而，忽然間一切都出現了不正常，病人死掉了。驗屍報告指出，病人腿部有一處微小傷口，傷口感染到肺，導致整個肺喪失機能。

　　那位老伐木工人的臉驀地在我腦海中浮現。他的聲音也響起來：「永遠要提防風。」簡單的事情，基本的真理，需要智慧才能了解。那個病人的死，慘痛地提醒我們功虧一簣這個道理。縱使那個傷口對健康的人是無關緊要，卻可以奪去了那個病人的生命。

　　那老伐木工人可能早已入土。然而，他卻留下了一個訓誡給我，讓我在得意之時用來警惕自己。人人都得意洋洋，我會緊緊盯著鏡裡的影子，對自己說：「我們這回運氣好，沒有風」。

　　細微的破綻可能導致重大的失敗，一定要考慮周全，不可忽略任何細節。如果你成功了，也不要得意，對自己說上一句：「我這回運氣好，沒有風。」

斷章取義：

　　不懂得「防微杜漸」的人，常常喜歡「臨渴掘井」，到口渴了才去挖井，已經太遲了。平時不做充分的準備，當事情發生後才去想應對之策，顯然太晚，「平時不燒香，臨時抱佛腳」，往往事與願違。海明威在《老人與海》中寫道：「我寧可求精確，這樣，機遇來時，我便不會讓它從我手中溜走。」只有平時下了功夫，做好了充分準備，才能有備無患，以不變應萬變，取得事業的成功。

第 64 章 事業成於慎敗於縱

■ 原文

其安易持，其未兆易謀。

其脆易破，其微易散。

為之於未有，治之於未亂。

合抱之木，生於毫末；九層之台，起於累土；千里之行，始於足下。

為者敗之，執者失之。

聖人無為故無敗，無執故無失。

民之從事，常於幾成而敗之。

慎終如始，則無敗事。

是以聖人欲不欲，不貴難得之貨；學不學，復眾人之所過，以輔萬物之自然，而不敢為。

■ 譯文

局面安定時容易維持，事變沒有徵兆時容易策劃。

事物脆弱時容易除破，事物微小時容易消散。

處理問題應在問題萌芽之前，治理動亂應在動亂產生之始。

雙手抱得起來的大樹，是從細小的幼苗生長起來的。

九層高的樓台，開始於一堆泥土。

千里的旅程，開始於腳下的第一步。

妄為的人必敗，強行把持就一定會失去。

聖人不妄為所以不會失敗，不強行把持所以不會失去。

人們做事情，常常因半途而廢導致失敗。

必須一如既往，小心謹慎地行事，才不會失敗。

因此，聖人欲人所不欲，不看重那難得的財貨；學習人所不學，受教於別人的過錯，順應天地萬物自然規律，絕不妄為。

■ 必修學分：事業成於慎敗於縱

老子在本章仍然接著上一章，談自己對生活的態度。

開篇老子就指出「其安易持，其未兆易謀；其脆易破，其微易散」，從而得出「為之於未有，治之於未亂」的結論，就是說，一切作為都應該在事變還沒有出現的時候去做，一切治理應該在還沒有發生散亂的情況下進行。如果等到事情來了再去對付，那就太遲了。

那又如何做到防患於未然呢？

老子說：「合抱之木，生於毫末；九層之台，起於累土；千里之行，始於足下。」就是告訴我們，任何事情一開始就要注意，「慎終如始，則無敗事」，一件事從開始到結束，都保持謹慎的態度，就不會失敗了。

許多人在做事時，一開始比較謹慎，過不了多久，就鬆懈下來了；有的人對大事、難事比較謹慎，對小事、容易事就疏忽。生活中不是常常有因忽略小事而釀成大禍的慘痛教訓嗎？在困難的事情面前一籌莫展，還不是在容易事前疏忽而導致的嗎？因此，如果不想失敗，就要十分謹慎。有俗語說，「行百里者半九十」，就是指事物進展到尾聲時切勿疏忽大意，以防前功盡棄。在中國歷史上就有過這樣的教訓。

戰國時，秦國國富民強，氣勢最盛。秦武王以為從此可高枕無憂，便以驕色示人。一謀士見勢不妙，便進言提醒武王道：「詩曰，『行百里者半九十』，指的是要看到最後關頭的困難。今天的霸業是否能成，還得看各方諸侯是否出力，然而大王現在就沾沾自喜，以驕色示人，而忽視圖霸的準備，若讓他國知道了，受到諸侯攻擊的話，霸業就難成了。」

秦武王雖精於政治，其霸業也只維繫了短短的四年，可見他沒有聽進謀士的忠言。

　　在施政方面，真正做到善始善終、居安思危的，要數唐太宗李世民了。

　　太宗常對左右說：「治國之心猶如治病。病人希望盡快痊癒，求醫心切。如果病人能認真聽從醫生的囑咐，配合治療，病就痊癒得快，反之，恐怕就要使病情惡化，甚至喪命。治國也是同理，要想保持天下安定，就得事事謹慎，若在關鍵時候有所疏忽，必招亡國之禍。現在天下的安危全置於我一人肩上，因此，我要慎重地警惕自己。即使歌功頌德，我還須檢點自己的言行，加緊努力。但是，只靠我一人是難有作為的，希望你們能做我的耳目，發現我有過失，請直言無妨，君臣之間如有疑惑而不說，對治國是極其有害的。」

　　唐太宗如此開明，才引出善諫的魏徵，以這種態度施政，才出現了中國歷史上有名的「貞觀之治」。

斷章取義：

　　事業成於慎而敗於縱。要想萬事順利，就一定要小心謹慎，即便是一帆風順，也不可掉以輕心，只有以「安全駕駛」的姿態去把持，事情才能到達那勝利的終點。

第 65 章 做人應該純樸厚道一些

■ 原文

古之善為道者，非以明民，將以愚之。

民之難治，以其智多。

以智治國國之賊，不以智治國國之福。

知此兩者亦楷式。常知楷式，是謂玄德。

玄德深矣，遠矣！與物反矣，乃至於大順。

■ 譯文

自古以來，善於遵循大道的人，不是向人們灌輸精巧聰明的技巧，而是使人們懂得敦厚純樸的道理，並遵行之。

人民之所以難以治理，是因為他們有太多智巧的心機。

所以，用智巧去治理國家，國家只會出現更多的盜賊；相反，以敦厚純樸去治理國家，國家才會安定幸福。

認知了這兩種治國方法和治國模式的差異，就懂得了規律。

經常認知這一規律，就是有深遠的修養。

深遠的修養深不可測、遠不可及啊！和天下萬物一起復歸於「道」之本始吧，就可以讓天下大順，國泰民安了。

■ 必修學分：做人應該純樸厚道一些

本章接續上一章，繼續發揮其思想的餘意。

人們為什麼會出現那本末倒置的虛偽追求？為什麼自願扭曲了本性，而追逐那些與生命無關的東西？國家為什麼越來越陷於混亂？老子認為這是由於人們心智太多的緣故。

老子又強調了遠古的歷史，那些善以大道來治理國家的人，「非以明民，將以愚之」，就是說，他們治國不教人民聰明巧智，而教人民純樸厚道。因為他們知道以大巧治國是災，以愚治國是福。經常以此為戒，就能夠具有「玄德」了。

治國如此，治身也應如此。

一個人心智太多，就容易不誠實、虛偽，變得過於精明。

以前，有一家餐館，以專門賣兔肉馳名，客人們都慕名而來，等著吃香噴噴的兔肉。

有一天，一桌客人叫了一大盤兔肉，大家都爭相搶食、大快朵頤。可是其中一個對兔肉頗有研究的客人，吃了幾口後，覺得這個兔肉的味道不太對勁，就把餐廳老闆叫了過來，請教他：「請問，這是兔子肉嗎？」

「是的，這是我們這兒的道地的兔子肉。」老闆客氣地說。

「可是，怎麼吃起來，味道有點酸酸的，好像是騾馬肉的味道？」客人質疑。「嗯……這個嘛……先生，不瞞您說，最近兔肉缺貨，所以增加了一點騾馬肉！」老闆笑著回答。

「加了一點？」客人又吃了一口，皺著眉說：「我看，恐怕不只『一點』吧！味道差很多呢！」

「對不起，是增加了一些，先生！」老闆不好意思地說。

「那到底增加了多少呢？」

「一半一半啦！大概是一匹騾馬，配上一隻兔子啦！」老闆說。

這位老闆就是心智太多而有了私欲，試想，那幾位客人被騙了一次，以後還會再來嗎？長久下去，他就只有關店了。

反之，一個人不虛偽、純樸厚道，那就是他的福了。

一八三五年，摩根先生成為一家名叫「伊特納火災」的小保險公司的股東，因為這家公司不用馬上拿出現金，只要在股東名冊上簽上名字，就可成為股東。這正符合當時摩根先生沒有現金卻想獲得收益的情況。

很快，有一家在伊特納火災保險公司投保的客戶發生了火災。按照規定，如果完全付清賠償金，保險公司就會破產。股東們一個個驚慌失措，紛紛要求退股。摩根先生斟酌再三，認為自己的信譽比金錢更重要，他四處籌款並賣掉了自己的住房，低價收購了所有要求退股的股份。然後他將賠償金如數付給了投保的客戶。

一時間，伊特納火災保險公司聲名鵲起。已經身無分文的摩根先生成為保險公司的所有者，但保險公司已經瀕臨破產。無奈之中他打出廣告，凡是再到伊特納火災保險公司投保的客戶，保險金一律加倍。

不料客戶很快蜂擁而至。原來在很多人的心目中，伊特納公司是最講信譽的保險公司，這一點使它比許多有名的大保險公司更受歡迎。伊特納火災保險公司從此崛起。

許多年後，摩根主宰了美國華爾街金融帝國。

成就摩根家族的並不僅僅是一場火災，而是比金錢更寶貴的信譽。信譽是純樸厚道之人自然的表現之一。

斷章取義：

純樸厚道是一個人寶貴的德行。純樸厚道的人會得到別人的信任，純樸厚道的人少有災難，即使遇到了不可抗拒的災害，他也會因為自己的純樸厚道而遇難呈祥。

第 66 章 從道德經中學習管理的智慧

■ 原文

江海之所以為百谷王者，以其善下之，故能為百谷王。

是以聖人欲上民，必先言下之；欲先民，必以身後之。

是以聖人處上而民不重，處前而民不害。

是以天下樂推而不厭。

以其不爭，故天下莫能與之爭。

■ 譯文

江海之所以能成為千百條河流的統一者，是因為它善於處在謙下的地位，所以才能成為眾河流歸往的統一者。

因此，聖人雖然在高位，必須對民眾表示謙下；要做人民的表率，把人民的利益放在首位。

因此，聖人居於高位，而人民不覺得有什麼負擔，處於前面，而人民不覺得有什麼妨害。

因此，天下樂於推崇擁戴他而不廢棄他。

因為他不與人爭鬥，所以天下也就沒有人與他爭鬥了。

■ 必修學分：從道德經中學習管理的智慧

上一章講述了聖人如何用「玄德」來治理民眾，這一章繼續陳述其中的智慧。

江海之所以能成為百川之王，是因為它非常謙遜，總是處於卑下的地方。

治理天下的道理與此相同，君王若想讓人們相信他、擁戴他，使自己位居人上，他就必須對人民親切一些、謙和一些；君王若想站在人前，就必須

把自身利益置於人後，對人民多關心、多體貼，如此人民覺得他可以信賴，自然會把他尊為領袖。

同理，一個企業的管理者，只有贏得全體員工的景仰、信任，才能排除企業潛在的障礙，帶領員工勇往直前。日本著名企業家永野重雄曾頗為感概地說：「經營者和員工，如同一輛車上的兩個輪子。在企業的內部，沒有經營者和員工之間協調一致的巧妙配合，企業這部車就難以正常運行。」

要做到協調一致巧妙配合，做為企業的管理者就必須做到謙和，對員工關心、體貼，重視員工的利益。香港富麗華國際集團董事長陳麗華，就是一個善於協調自己與員工關係的管理者。

陳麗華的一千三百名工人都住在工廠裡，一排排的「夫妻房」也建造得十分精巧。她還包攬了所有工人一年四季的衣服。過新曆年，每個工人一件羽絨外套，農曆春節前，她又為每人準備了一件真絲棉襖。

陳麗華花在紫檀事業上的錢難以計數，但是她看重的是紫檀和一刀一刀為她雕出紫檀王冠的工人。她的比喻樸實無華：「一天吃一頭牛，一年吃三百六十五頭牛，能有多少錢？你有病了，黃金不能把你送去醫院，還得是人。工人也是一樣，所以處理好人的關係是最關鍵的。」

一個企業就是一部機器，與員工關係處理好了，運轉就正常了，員工的工作積極度提高了，有幹勁了，這樣才能使企業蒸蒸日上。

斷章取義：

員工是企業的根基，是企業良好的內部動力，優秀的管理者不會因為自己高高在上，或是擁有千萬財富而傲視無物，他們對待自己的工人，像慈母對待自己的孩子一樣。

第 67 章 三樣持身處世的寶貝

■ 原文

天下皆謂我：道大似不肖。

夫唯大，故似不肖。

若肖久矣，其細也。

夫我有三寶，持而寶之：

一曰慈，二曰儉，三曰不敢為天下先。

慈故能勇，儉故能廣；不敢為天下先，故能成器長。

今舍慈且勇，舍儉且廣，舍後且先，死矣。

夫慈，以戰則勝，以守則固。

天將救之，以慈衛之。

■ 譯文

天下人都對我說：大道廣大，好像又不具體、不可捉摸。

就是因為大道廣大，所以才不具體、不可捉摸。

若是具體可以捉摸，它就早已成為渺小的了。

我有三個寶貝，永遠要保持著、珍愛著：

第一個叫仁慈，第二個叫節儉，第三個叫不敢位居於眾人之前。

正是由於仁慈，所以能勇敢無畏；正是由於節儉，所以能夠富足長久；正是由於謙下，所以能夠成為萬物的尊長。

現在捨棄仁慈而去追求勇武，捨棄節儉而去追求享受，捨棄謙下而去追求爭先，真是死路一條啊。

從仁慈出發，用來征戰就能取勝，用來守衛就會堅固。

攻則天以慈助之，守則天以慈衛之。

■ 必修學分：三樣持身處世的寶貝

現在，老子又談到了他自己，老子提出，自己的道理之所以與眾不同，就在於自己擁有三樣法寶，即：「夫我有三寶，持而寶之：一曰慈，二曰儉，三曰不敢為天下先。」

「慈」。即仁慈和慈愛，就是對天下任何事物都抱有一種慈悲為懷的心態，能夠幫助則盡力幫助。老子視「慈」為持身處世的第一要義，你只要仁慈寬厚，上天一定會扶持你得到幸福。

對於「慈」，美國的成功學家卡內基曾講過一個這樣的故事：

有一個人被帶去觀賞天堂和地獄，以便比較之後能聰明地選擇他的歸宿。他先去看了魔鬼掌管的地獄。第一眼看去令人十分吃驚，因為所有的人都坐在酒桌旁，桌上擺滿了各種佳餚，包括肉、水果、蔬菜。

然而，當他仔細看那些人時，他發現他們當中沒有一張笑臉，也沒有伴隨盛宴的音樂或狂歡的跡象。坐在桌子旁邊的人看起來沉悶、無精打采，而且一個個皮包骨。他發現每人的左臂都綁著一把叉，右臂綁著一把刀，刀和叉都有四公尺長的把手，使它不能用來協助進食。所以即使每一樣食物都在他們手邊，結果還是吃不到，一直在挨餓。

然後他又去天堂，景象完全一樣：同樣食物、刀、叉與那些四公尺長的把手，然而，天堂裡的人們卻都在唱歌、歡笑。他很不解：為什麼情況相同，結果卻如此不同。在地獄的人都挨餓，可是在天堂的人吃得很好而且很快樂。最後，他終於看到了答案：地獄裡每一個人都試圖餵自己，可是一刀一叉以及四公尺長的把手根本不可能靠自己吃到東西；天堂上的每一個人都是餵著對面的人，而且也被對面的人所餵，因為互相幫助，有慈愛之心，結果皆大歡喜，幸福地生活。

卡內基指出：「這個啟示很明白。如果你慈悲一點，幫助其他人獲得他們需要的東西，你也因此而得到想要的東西，你因此而得到幸福。」「慈」，

對我們持身處世的確具有很重要的意義，它是人與人關係的潤滑劑，是人與人的友愛，是用多少金錢買不到的。

「儉」，即在生活中抱有一種勤儉節省的態度，絕不貪婪且放縱自己。

清代的張英曾經說：「人生福享，都有定數。珍惜福的人，福常有餘，暴殄的人，福常不足。所以老子以儉為寶。不只是錢財應該儉，一切事都要常常思考節儉的意義，才能有餘地。儉對於吃喝來說，可以養脾胃；儉對於嗜欲來說，可以集中精神；儉對於說話來說，可以培養氣息；儉對於交朋結友來說，可以擇友少過失；儉對於應酬來說，可以養身息勞。」這雖然是持身的方法，也不失涉世處事之道。

「不敢為天下先」，絕不敢膽大地去做天下人的表率和領袖。

這一句的意思很容易明白，也就是叫你持身處世應學會謙卑一點，切記不可鋒芒畢露、自高自大、自以為是，這樣只會讓別人看不起你，而你也是自己為自己設置了許多人生絆腳石和成功的阻礙，聰明的人是絕不會那樣做的。

斷章取義：

以「慈」持身，人就會友愛於人，不自私自利；以「儉」持身，人就會富足長久，絕不貪婪；以「謙」持身，人就會自謙益人，不自炫耀。「慈」、「儉」、「謙」這就叫做戒除極端，戒除奢侈，戒除過度，這的確是立身處世的奇方妙法。

第 68 章 有勇有謀才能成就大事業

■ 原文

善為士者不武，善戰者不怒；善勝敵者不與，善用人者為之下。

是謂不爭之德，是謂用人之力。

是謂配天，古之極。

■ 譯文

善於將帥的人不逞強尚武，善於作戰的人不會輕易發怒；善於戰勝敵人的人不與敵人正面交鋒，善於用人的人會謙下於人。

這就叫做不爭的道德，這就叫做運用他人的智慧。

這就叫做順應自然的道理，古人對此稱讚至極。

■ 必修學分：有勇有謀才能成就大事業

能夠守住三寶才能合「道」，本章，老子又就「勇」字開始談起。

勇武主要表現在戰場上。能夠衝鋒陷陣、浴血奮戰的是英雄，能夠折衝於樽俎之間、決勝於千里之外的更是英雄。所以真正善於領導作戰的將帥從不逞強鬥勇，也不憑藉一時怒氣而盲動，而是用智慧取勝。

英雄本色，當然勇為先。但是，人們常把英雄與驕勇相連，而很少與智謀相關。勇而無謀，非可取也。有智無勇，更不可取。三國時，呂布可謂英雄，連劉關張三雄聯袂，也奈他不何。可惜呂布勇有餘而智謀不足，因而注定他成不了大事，最後落得身首異處的結局。也有很壯烈的英勇，荊軻慷慨悲歌，易水動容。但悲壯畢竟不是皆大歡喜的，勇猛並非一定要以悲劇結束。但是勇者，的確往往愛以豪壯、勇力相拚，很少用智。

長坂坡力戰千軍的趙子龍，再多一點智謀，那不就如虎添翼了嗎？《三國演義》第十一回，（曹）操曰：「吾料呂布有勇無謀，不足慮也。」英雄

短視，是古代勇士們的通病，這就注定了他們悲壯的命運，他們在歷史上留下了千古英名，也給我們留下了無盡的悲哀。

花和尚魯智深是《水滸傳》中一個討人喜歡的人物，他仗義疏財，好打抱不平，但也十分莽撞，酒性起來，惹過不少橫禍。魯智深性格直爽，巷裡趕豬沒有彎路。為人都好，只是身在江湖，這樣憨直未免太容易遭到傷害了，在華州一事，便可見他的憨直，他要打殺賀太守，卻並不謀算細膩，而是一個人單槍匹馬蠻幹。你想哪個當官的不賊精？果然，魯智深非但沒有損及太守一根毫毛，自己倒被太守看破，誘入府中，打下牢獄。魯智深勇過於智，遭人暗算。

勇是矛，謀是盾，智勇雙全才是真英雄。在現實生活中，智與勇往往是互為條件，並且相互轉化。有了智謀，銳氣倍增，有了銳氣，妙計疊出。沒有一個錦囊妙計不是以勇氣做為前提的。諸葛亮最著名的空城計，如果沒有足夠的膽量和取勝的勇氣，他那雙彈琴的手就會打顫，就很難逃得過司馬懿的耳。所以說，沒有英雄膽，也不會有空城計。現代人講個人奮鬥，銳意進取也是如此，智力低下的人，目光短淺的人，在策略上失誤的人，越鬥越疲，最終銳氣不存。而明智的人，意識超前的人，選擇正確的人，越戰越勇，成績卓著，讓世人刮目相看。

斷章取義：

英雄無畏，必須謀算在先。條條大路通羅馬，可這道路是遙遠的，任何聰明絕頂的人，或體力充沛非常的人，都不可能只做一次努力就能成功，它必須由一次次具體的成功的行動促成，每一次小小的成功就是一個加油站，勝利者最終都是智勇雙全的英雄，都有驚人的膽識、智慧和勇氣。

第 69 章 最大的災禍莫過於輕敵

■ 原文

用兵者有言：「吾不敢為主而為客，不敢進寸而退尺。」

是謂行無行，攘無臂，仍無敵，執無兵。

禍莫大於輕敵，輕敵幾喪吾寶。

故抗兵相加，哀者勝矣。

■ 譯文

善於用兵的人說：「我不敢主動進攻而寧願防守，我不敢前進一寸而寧願退後一尺。」

這就是說，雖有行陣卻像沒有行陣，雖有行動卻像沒有行動，雖面對敵人卻像沒有敵人，雖執有兵器卻像沒有兵器。

禍患沒有比輕敵更大的了，輕敵會喪失贏取戰爭的一切寶貴條件。

所以，兩軍勢均力敵的時候，有憐憫慈悲之心的軍隊，將獲得戰爭的勝利。

■ 必修學分：最大的災禍莫過於輕敵

這一章繼續講用兵打仗的事情。

戰爭為不得已而為之，所以老子不贊成動用武力發動戰爭，本章開篇便體現了這樣的思想。

但到了必須戰鬥的時候又不得不戰，因此又提出了「禍莫大於輕敵，輕敵幾喪我寶。」

「禍莫大於輕敵」，最大的災害莫過於輕視敵人。

漢高祖元年（西元前二〇六年）六月，韓信進攻齊國，楚王派龍且帶領二十萬大軍援助齊國。於是齊王和龍且兩支隊伍合在一起對付韓信。還未交戰的時候，有人建議龍且說：「漢軍遠征，歷經數戰，大獲全勝，來勢凶猛不可阻擋，意在速戰速勝。齊、楚是在自己家門口作戰，軍心容易渙散而被打敗。不如深溝高壘，堅守不戰，以避其鋒。讓齊王派他的得力能臣去招撫已經降漢的城邑。這些城邑知道齊王還健在，而且又有楚國大軍相救，必定會再度反漢歸齊。漢軍遠離後方幾千里，客地作戰，一旦齊王所有城邑倒戈，他們必然勢孤，軍糧也無處籌措。這樣齊、楚就可以不戰而勝。」龍且不聽，傲慢地說：「我知道韓信的為人和本領，容易對付。況且，救齊國而未經戰鬥，即使韓信投降，我又有什麼功勞可言？如果藉由戰鬥勝了韓信，就可以得到齊國的一半土地，為什麼要停止戰鬥？」

因此，龍且不願意堅守不戰，而採取了主動出擊的策略。結果韓信派兵用沙袋堵住濰水上游，又假裝失敗誘使龍且追擊，等龍且大軍還未渡過濰水河時，韓信叫人放水，並進行反擊。最後龍且被殺、齊王被俘、楚兵全部投降。

輕視敵人的災禍是很大的，「幾喪我寶」。什麼是法寶？就是不爭而善戰的法寶，勝不驕、敗不餒之寶。龍且驕傲輕敵，不僅喪失了不戰而勝的戰機，而且招來殺身之禍。

斷章取義：

在二十一世紀的今天，正所謂商場如戰場。優勝劣汰、適者生存的法則適用於我們每一個人，這就要求我們在激烈的競爭中永遠保持清醒，洞察競爭對手的一舉一動，制定出相應的對策，在競爭中取勝，不斷地發展和壯大自己。切忌以為自己已取得了一定的成績而驕傲自滿，這樣只會招來大的失敗，是自取滅亡。

第 70 章 儀表美和心靈美哪一個更重要

■ 原文

吾言甚易知，甚易行。

天下莫能知，莫能行。

言有宗，事有君。

夫唯無知，是以不我知。

知我者希，則我者貴。

是以聖人被褐而懷玉。

■ 譯文

我的話很容易理解，也很容易實行。

但天下人卻聽不懂，不願意去實行。

我的話是有宗旨的，實行也是有依據的。

正是由於人們所知太少，而不能了解我。

能了解我的人太少了，能取法於我的人則更少。

這就好像聖人披著粗衣而懷裡卻有美玉一般（不為人知），所以天下人都不容易認識到。

■ 必修學分：儀表美和心靈美哪一個更重要

老子說他的道理很簡單，可常人往往無法理解。所以，那些有覺悟了的聖人只能隱居在塵俗之中，雖然身被粗衣，但卻胸懷珠玉錦繡。也就是說，那些真正有覺悟的人，表面上與常人沒有分別，只是境界不同罷了。

身被粗衣，這屬於一個人的儀表，胸懷珠玉錦繡，這屬於一個人的心靈。

儀表美與心靈美哪一個更重要呢？

對於這一問題，有位學者曾做過這樣的回答：

一個人如果同時具有儀表美與心靈美，那當然最好。但是當二者必須選擇其一時，我個人更看重心靈美。因為時裝會過時，容顏會衰老，只有心靈可以永遠年輕、美麗。

這一回答十分明確。一個人的儀表美不僅僅是個人的問題，它也反映了一個人對別人的態度，比如說，某人與別人約會，如果他不注重儀表，弄得髒兮兮的，不堪入目，那就明顯是對約會的另一方的不尊重。同樣在群體場合，如在團體宿舍，就不能像在個人房間一樣，臭襪子亂扔，經常不洗澡，等等。因為這都會對他人產生不良影響。因此，是否注意儀表美也是一個道德品質問題。

但須切記不要去過分雕琢，只需要適當注意、加以美化也就可以了，如老子所說，身被粗衣與常人沒有分別，也不會有什麼錯誤。

一個人的心靈美較之儀表美更不容忽視，因為心靈美，才可以使儀表美顯得豐滿起來。對於心靈美，一位美國作家曾寫道：心靈美的直接要求是我們必須具有愛心。

人活在世界上，最重要的是要有愛人的能力，而不是被愛。我們不懂得愛人，又如何能被人所愛呢？我們之所以對生命做不到深刻透徹的認識，是我們還沒有意識到愛人的快樂，人與人都是以心交心，以心換心的。愛人的心，自然會被人所愛。

富有愛心的人，不但自己的生活充實快樂，而且能感染那些麻木了的、塵封了的、變形了的心靈。你富有愛心，可能你並不富有，沒有可以炫耀的地位，沒有顯赫的聲名，沒有更多的財產，但在精神上，你卻是天使。

儀表美與心靈美都不應忽視，儀表美能反映心靈美，心靈美的人不可能不注重儀表美。只有將儀表美與心靈美結為一體的人，才是最美麗的。

斷章取義：

愛美之心，人皆有之。不管是儀表美還是心靈美，對於我們的生活來說都是必要的。正如一棟房子，只有裝修得寬敞明亮，擺放了必要的家具，內外皆美，人們才會覺得舒適、滿意。

第 71 章 自以為是是大病

■ 原文

知不知上，不知知病。

夫唯病病，是以不病。

聖人不病，以其病病，是以不病。

■ 譯文

自己知道卻虛心地以為不知道，這是最好的；自己明明不知道卻以為知道，這是毛病。

只有把毛病當毛病，所以才會沒有毛病。

聖人沒有毛病，是因為他知道毛病就是毛病，所以他沒有毛病。

■ 必修學分：自以為是是大病

這一章呼應上一章，講述人們認識自然大道的表現。

世界上真正能認識和遵循大道的人太少了，但卻有更多的人，往往自以為是地認為自己認識了大道。老子說：「知不知上，不知知病。」知道而不以為知道，為上，不知道卻以為知道，是病。也就是說，自以為是是許多人常犯的毛病。

曾經有一位哲人說：「聰明的人不自以為是，自以為是的人不聰明。」自以為是的人，表面上看來似乎有點「學問」，他的一舉一動似乎有點「道理」，但那些都是虛假的東西，自以為是的聰明是最愚蠢的行為。

在印度民間流傳著一段故事：

有一次，印度的國都舉行祭奠，宮廷的護衛也必須奉命前往。有一個護衛對院子裡的猴子王說：「我有事要出去，我不在的時候，你要替我照顧好

院裡的樹苗，不要讓它們枯死了，一定不要忘記打水灌溉，但也切忌太浪費水。」

猴子王馬上召集手下說：「喂！你們現在替小樹打水，不過，不能浪費水。澆水之前，要把樹苗一棵一棵拔起來看一下，為了節約用水，根長的就多澆些水，根短的就少澆些水。」

猴子們立刻遵照指示去做。這時，有一個賢者路過看見，便問猴子說：「為什麼要把樹苗拔起來看呢？要知道，樹苗栽好了是不能拔起來的，直接澆水不就行了嗎？」

猴子回答說：「我們只是奉命行事而已。」賢者聽後，不禁悲嘆說：「唉！你們真是愚蠢又無知！自以為這是兩全其美的做法，卻不知道這樣做只會使後果不堪收拾！」這些猴子只知忠實的服從命令，用水澆樹，根本沒有想到栽種的樹苗不能隨意拔起來，結果反而使樹苗更迅速地枯萎。

自以為聰明的舉動卻得到了壞的結果，自以為是的確害人不淺。猴子拔樹苗的故事與中國「揠苗助長」的寓言故事同出一轍，寓言深刻、發人深省，可惜的是，在我們的周圍這樣的事情仍在繼續發生，這不能不說是一種悲哀。

斷章取義：

在現實生活中，自以為是者令人鄙夷。有人自恃本領過高、學識淵博，進而發狂，驕傲自滿得很。他們不懂得天外有天，人外有人，山外有山的道理，妄自尊大，總自以為是地露一手。然而，等待他們的只能是栽了大大的跟頭。

第72章 珍惜自己卻不貴重自己

■ 原文

民不畏威，大威至矣。

無狹其所居，無厭其所生。

夫唯不厭，是以不厭。

是以聖人自知，不自見；自愛，不自貴。

故去彼取此。

■ 譯文

如果人民不懼怕統治者的威嚇，那麼統治者就要大難臨頭了。

不要逼迫人民，使人民不得安居，不要壓榨人們，使人民無以生計。

只有不壓迫人民，人民才不會因憎恨而反抗。

因此，聖人有自知之明，而不自以為是；懂得保護自己，而不顯耀權貴。

所以，捨去後者而取前者。

■ 必修學分：珍惜自己卻不貴重自己

前面講了人們認識自然大道的表現，以及聖賢如何遵循大道，這一章講述為什麼要這樣認識和實踐大道。

君王（聖賢）有權威，自然會讓百姓畏懼和崇敬。但如果君王的權威不能讓百姓畏懼的話，那天下就會大亂了。

百姓為什麼不再畏懼了呢？

是因為他們迫不得已，君王的輾轉剝削使他們居無定所、無以生計，他們只能鋌而走險，奮起反抗了。

所以，聖人認識和實踐了大道，要珍惜自己，但絕不要讓人覺得自己高貴出眾、耀眼奪目，這樣就不會有人跟他過不去了。

珍惜自己是應該的，可我們往往在珍惜自己的時候太在意自己，從而將珍惜自己變成了貴重自己。君王因珍惜自己而去貴重自己，結果招致人民的反抗。同樣，生活中如果我們因珍惜自己而去貴重自己，那就一定會影響我們與他人之間的關係。下面這位《道德經》的讀者，對此就深有感悟。

以前，我的成績總是在班上名列前茅，所以老師的寵愛和同學的羨慕都集於我一身，我自己也覺得自己很了不起，有一種春風得意的感覺。一次班級大掃除，衛生股長在一旁吩咐我做這做那。一聽到他那命令的口氣，我就非常惱火，於是就嗆他說：「你有什麼了不起，竟然如此指使我做事！我才不吃你那一套呢！有本事告到老師那裡去，看看誰有理！」說完後，還感到很得意。事後老師找我談話，批評了我幾句，我覺得很委屈，所以心裡一直記恨那位衛生股長同學，兩人之間的關係鬧得很僵。

直到有一天，我無意間闖進學校開辦的《道德經》講座之中，當時老師正講解《畏威》這一篇，一開始，我並沒十分在意，但當聽到「自愛不自貴」這一段時，我想起了與衛生股長同學爭執的那件事，這才猛然醒悟：當時的我太自貴自大、自以為是，不懂得自尊自愛。聽課之後，我想了很久，終於領悟了老子所說的「自愛不自貴」的真諦。

斷章取義：

「自愛不自貴」，雖然愛惜自己，但並不把自己看得很重，如此我們便能客觀地對待自己和他人，在愛惜自己的時候，又能為他人著想，這樣既避免了自己因自愛而誤入歧途，又能友善待人，給予他人真心的幫助。

第 73 章 天網恢恢，疏而不漏

■ 原文

勇於敢則殺，勇於不敢則活。

此兩者，或利或害。

天之所惡，孰知其故？是以聖人猶難之。

天之道不爭而善勝，不言而善應，不召而自來，繟然而善謀。

天網恢恢，疏而不漏。

■ 譯文

勇敢而膽大妄為就會遭殺，勇敢而不妄為（柔弱）就能存活。

這兩種情況，或得利、或遭害。

上天自然知道他們的罪惡，誰知道是什麼緣故呢？這是聖人也很難辦到的。

自然大道的規律，就是不爭而善於取勝，不說話而善於回應，不召喚而自動到來，坦坦蕩蕩卻善於籌謀。

上天之網廣大無邊，雖然它網眼稀疏，但它卻不會遺漏。

■ 必修學分：天網恢恢，疏而不漏

上一章講述認知了大道的聖人會珍惜自己卻不貴重自己，這一章接著講不炫不爭的道理。勇敢有兩種：一是勇敢而膽大妄為，肆無忌憚，無所不敢，這種勇是勇而無謀，當遇到比自己更強大的對手時，就會遭致滅頂之災；另一種是勇敢而不妄為，有勇氣但又不胡亂作為，這種勇是細心，是一種小心謹慎，這樣就不至於會有什麼災難。

以上兩種勇，從大道的角度去看，前者偏離了大道，而後者正是大道的表現。所以老子推崇後一種勇，而摒棄前一種，並且進而提出了他名垂千古的不朽格言：

天網恢恢，疏而不漏

上天之網廣大無邊，雖網眼稀疏，但它卻不會遺漏。誰勇敢而膽大妄為，就一定不會逃掉天道的懲罰，必因自己的妄為而自嘗惡果。

明朝成化年間，浙江永嘉有個書生名叫王杰，在家誦習待考。一天，家僕王二和潮州賣薑客人呂大發生爭執，王杰上前勸解，失手打昏呂大。主僕二人趕緊救醒呂大，並賠禮贈絹，呂大拱手作別。

到了晚上，渡口船家周四突然來到，提著絹和薑籃。他聲稱呂大到船上後便死去了。臨死時他把白絹、薑籃交給他為證，請他代為申冤，並且說死屍現在門外船上。王杰大驚，看過屍體後信以為真，給了周四六十多兩銀子，並派兩個家僕把屍體埋掉。

不久，王杰家僕胡阿虎因事被主人責打，遂將呂大之事告到官府。王杰被抓入獄。半年後，呂大到王家探問，大家才知呂人未死。原來，當天呂大拿了白絹、籃子上船，和船家談及白絹來歷，船夫周四便買下白絹和籃子，到王杰家詐錢，那具死屍則是河中的浮屍。知縣查明實情後，當堂拷打周四，周四被打得皮開肉綻，鮮血淋漓，死在大堂之上。

周四財迷心竅，誆人錢財，正是因為他膽大妄為，反而害了自己。

斷章取義：

「天網恢恢，疏而不漏」，縱觀歷史上的今天，無論是為所欲為的君王也好、流竄江湖的亡命之徒也好、替天行道的英雄豪傑也好、禍亂天下的強盜頭子也好，他們即使能得志於一時，卻無法逃脫這個精闢格言的無情懲罰。這八個大字，是對所有欲冒死犯難者的提醒，是對所有亡命之徒的警告，也是對一切敢於冒天下之大不韙者最嚴厲的訓誡。

第 74 章 殺一儆百的領導智慧

■ 原文

民不畏死，奈何以死懼之。

若使民常畏死，而為奇者，吾得執而殺之，孰敢？

常有司殺者，夫代司殺者，是謂代大匠斫。

夫代大匠斫者，希有不傷手矣。

■ 譯文

人民不害怕死，又怎麼能夠用死來使他們畏懼呢？

如果人民真的畏懼死亡，對於罪大惡極的人，就可以抓住他、殺了他，誰還敢為非作歹呢？

對於懲殺，常有管理懲殺的人去執行，那代替懲殺者去殺人的人，就如同代替木匠去砍木頭一樣。

那不懂木匠工藝卻代替木匠去砍木頭的人，很少有不砍傷自己手的啊！

■ 必修學分：殺一儆百的領導智慧

「天網恢恢，疏而不漏」，自然中自有規律，聖人順其自然也就可以了。

但如果君王太貴重自己，使人民居無定所、無所生計，人民就會冒死反抗。人民不畏懼死，那又怎能用死來使他們畏懼呢？

如果能在執行死刑之前，對人民進行道德法律教化，君王珍惜自己而不貴重自己，使人民安居樂業，這樣人民珍惜自己的生命，法律也自然有了威嚴，此時再執行死刑，那天下人就不敢再冒死犯罪了。

以上的這種方法，也就是我們常說的「殺一儆百」，這是一種高超的領導智慧，中國歷史上許多著名的領導者，都是善用這一智慧的高手。

有一次，胡慶堂的一個採購人員不小心把豹骨誤作虎骨買了進來，而且數量還不少。進貨阿大了解這個採購人員平日做事很牢靠，加上自己手頭正忙，也未加詳察，就把豹骨入庫備用。有個新提拔的副檔手（相當於今天的副經理）得知此事，以為又有晉升機會了，就直接找胡雪巖打「小報告」。胡雪巖當即親自帶人到藥庫查看了這批藥材，發現確實把豹骨誤作虎骨了，就命藥工全部銷毀。眼看由於自己工作失誤而帶來巨大的經濟損失，進貨阿大羞愧地遞了辭呈。不料，胡雪巖卻溫言相勸，說：「忙中出錯，在所難免，以後小心就是。」但對那位自以為檢舉有功、等著獎賞的副檔手，胡雪巖卻發了一張辭退書。因為，在他看來，身為副檔手，發現偽藥不是及時向進貨阿大通報，已是瀆職，而背後打小報告更是心術不正，如果不嚴懲於他，甚至獎勵於他，今後必有眾人效仿，這樣就造成上下隔閡了。

胡雪巖這一招「殺一儆百」用得相當巧妙，從那以後，胡慶堂再也沒有發生過類似的事情，胡慶堂上下同心，生意做得越發興隆。

斷章取義：

「殺一儆百」的做法固然是好，但必須謹記，只有身為領導者的你不貴重自己，讓你自己的員工感到有所依靠，你的舉措才有威嚴。你要愛惜你的員工，切忌胡亂顯示威嚴，甚至是「殺百儆一」，那是在玩大斧，反過來卻會害了自己。

第 75 章 自然生存勝於雕琢

■ 原文

民之饑，以其上食稅之多，是以饑；民之難治，以其上之有為，是以難治；民之輕死，以其上求生之厚，是以輕死。

夫唯無以生為者，是賢於貴生。

■ 譯文

人民之所以遭受饑餓，是因為統治者的賦稅太重，所以才會遭受饑餓；人民之所以難以治理，是因為統治者多行暴政，所以才會難以治理；人民之所以輕生去死，是因為統治者太貪圖太奢侈，所以才會不怕去死。

只有那些放棄個人生活享樂、清靜恬淡無為的人，才會比追求奢侈生活的人更賢明。

■ 必修學分：自然生存勝於雕琢

這一章接續上一章，談人民的生活態度與統治者的作為。

統治者賦稅太重，多行暴政、貪圖奢侈，人民就會因此遭受饑餓、難以治理、輕視死亡，終而鋌而走險，紛紛造反，統治者也就面臨倒台死亡的命運了。

那如何才能減少人民的苦難，使人民安居樂業，不去鋌而走險呢？

「夫唯無以生為者，是賢於貴生。」統治者只有不把自己的生看得太重要，這就是愛護百姓和自己生命最好的方法。對於這一點：唐太宗李世民看得相當清楚，他曾對屬下說：

「民所以為盜者，由賦徭重，官吏貪求，饑寒切身，故不暇顧廉恥耳。朕當去奢省費，輕徭薄賦，選用廉吏，使民衣著有餘，則自不為盜，安用重法邪！」

當官的是這樣，我們一般的老百姓也應該如此。因為只有不過於看重自己的生命，敢於櫛風沐雨，才能使自己健康長壽。

據介紹，九十一歲高齡去世的著名紅學家俞伯平，生前喜歡抽菸，喜歡吃肉，不喜蔬菜、水果，很少運動，無論冬夏都喝生水。他把自己的長壽之道稱為「大水養魚法」，即無拘無束，順其自然。

素有「補白人王」之稱的掌故作家鄭逸梅，平日不太講究飯菜的營養，想吃什麼就吃什麼。

把一生心血獻給敦煌藝術事業的常書鴻，八十歲以後，飲食仍順其自然，他沒有太多的禁忌，喜歡吃魚吃肉，也愛吃甜食。他說：「我能吃這些東西，說明身體需要。我沒有注意去追求長壽，只是順其自然而已。」

這些老人對生命順其自然，但他們卻是長壽之人。可在我們的生活中，有些人把自己的生命看得太重了，生怕一個怎麼就死了，出門就怕沾上細菌，傳染疾病，把自己裝在塑膠套裡，封起來，結果因為整天精神高度緊張，病沒少得，死得更快。現在有些獨生子女家長對小孩的身體健康過分看重，出門怕風吹，戴上口罩，玩樂怕出汗感冒，不准跑動……整天關在家裡，大人不離左右，結果搞得小孩弱不禁風，經常生病。生病後又巴不得早點好，一點小病就住院，吊點滴，只喊醫生開好藥、貴藥、特效藥，結果小孩的抵抗力越來越差，藥的劑量越來越大，最後乾脆一年四季藥不斷，小小年紀就成了個「藥罐子」。

看重「生」本是出於好意，卻辦了錯事。其實他們倒不如學習許多鄉下家長對孩子的態度，讓孩子泥地裡滾、野地裡睡、風裡來、雨裡去，結果身體卻很結實、無災無病。

斷章取義：

每個人的生理、心理以及健康狀況各不相同，養生保健不能一概而論。俞伯平、鄭逸梅、常書鴻先生的生活習慣，並非人人都可以效仿。我們只是要從中看出一個養生的真諦：自然生存勝於雕琢生存。因為順其自然，放棄雕琢，是對自己生命力的高度信任，是面對人生的大徹大悟。

第76章 善於把自己放在一個「柔弱」的位置

■ 原文

人之生也柔弱，其死也堅強；萬物草木之生也柔弱，其死也枯槁。

故堅強者死之徒，柔弱者生之徒。

是以兵強則不勝，木強則折。

強大處下，柔弱處上。

■ 譯文

人活著的時候是溫柔軟弱的，而死了以後身體就變得僵硬了。

萬物草木生長的時候是柔軟脆弱的，而死了以後就變得乾枯了。

所以堅硬強壯是死亡的象徵，溫柔軟弱是生命的象徵。

因此，用兵逞強就不會勝利，樹木壯大就會折斷。

堅強壯大者將葬於地下，溫柔軟弱者將活在世上。

■ 必修學分：善於把自己放在一個「柔弱」的位置

這一章接續上一章「求生」來說，講生與死的關係和道理。

我們人類都喜歡生而害怕死，但生與死的區別是什麼呢？

老子列舉了人和草木生與死的現象，指出生與死的區別，僅在於一個「柔弱」與「堅強」，有生命的東西都柔弱脆弱，而死了的東西都堅硬乾枯。

聰明的人應從中吸取教訓和智慧：做人不能強硬，而要柔弱一些。「強大處下」。強大的就會走下坡路。因為強大到了極點，無法再強大，「盛極而衰」，所以就開始走下坡路了。另外一個原因，強大以後很容易驕傲自滿，甚至不思進取，「滿招損」，所以也會走下坡路。

在美國的一家大公司中，有兩個人在爭奪第一把交椅。一個是當時的第二號人物，一個是第四號人物。第二號人物當時業績輝煌，可謂得意得很，他確信憑自己的成績，擔任總裁毫無疑問，所以，他沾沾自喜，沒有去進行任何競選活動。而此時，那位本來處於劣勢的第四號人物，他意識到自己是弱者，必須努力，因此，他一邊積極地工作，一邊還聘用了一位公共關係專家，到處活動、演講、拜訪公司下屬的地區分部經理，與每個董事詳談，與即將退位的總裁套交情。漸漸地，他頭上顯露出總裁的光環，那位第二號人物最終只能目瞪口呆，憤而辭職。

那位第二號人物，正是因為強大而走了下坡路，而那位第四號人物，他是柔弱者，知道自己的業績不如別人，就奮發圖強，不斷進取，終用勤奮彌補自己的不足，獲得了總裁的位置，這也就是老子所說的，「柔弱處上」，柔弱的走上坡路。

斷章取義：

柔弱者知道自己很弱小，所以發憤圖強。就像有的人知道自己智商不高，就「笨鳥先飛」，勤奮學習，終因為自己的「勤奮」而彌補了智商方面的不足，最後，比智商高的人「早入林」，取得更好的成績。因此，我們要善於把自己放在一個「柔弱」的位置，以「柔弱」的態度來對待自己，以「柔弱」的方式來處理問題，這樣我們才會有大的進步，才不會因為強盛而走下坡路。

第 77 章 學會貶損和減損自己

■ 原文

天之道，其猶張弓乎？

高者抑之，下者舉之；有餘者損之，不足者與之。

天之道，損有餘，而補不足；人之道則不然，損不足以奉有餘。

孰能有餘以奉天下？唯有道者。

是以聖人為而不恃，功成而不處，其不欲見賢。

■ 譯文

自然之道不就像拉弓射箭一樣嗎？

高了就壓低一點，低了就抬高一點。

拉得太滿就減損一些，拉得不夠就補充一些。

自然之道，就是減去多餘而補充不足。

人們做事卻不這樣，都是減去不足而補充多餘。

誰能減去多餘而補充不足呢？只有得道的人。

所以聖人做事不恃有功，有功而不自居，永遠不想表現自己的聰明才智。

■ 必修學分：學會貶損和減損自己

上一章講述了柔弱和剛強所造成的生與死，這一章則繼續講大自然關於有餘和不足的規律。

自然大道對任何事物都平等，它損有餘而益謙，也就是說大道對滿的、強的損之，對謙的、弱的益之，大道始終保持中和。為此，老子將天道的規律比作拉弓射箭，太高了就放低一點，太低了就舉高一些，拉得太滿了就減損一點，拉得不夠就補充一些。

　　自然之道如此，可人們做事卻恰恰相反，喜歡減去不足而補充有餘。越有錢的越追求錢財，越有權的越追求權力，貪婪的欲望永無止境，結果窮人越來越窮，民不聊生，揭竿而起，推翻壓迫者，重新分配，這是大道的規律，不可違背。

　　所以，聰明的聖人便會從中得到智慧：當自己滿足時，絕不去炫耀，因為反而會貶損自己。一旦自己有多餘的時候，就會把多餘的東西補給那些欠缺的人。這樣貶損了自己，別人也得到了好處，那麼你與別人的關係自然也就好了，自然不會產生什麼矛盾、有什麼爭鬥了。

　　著名的電影演員英格麗·褒曼就是深諳此道的人。

　　英格麗·褒曼在獲得了兩屆奧斯卡最佳女主角獎後，又因在《東方快車謀殺案》中的精湛演技，獲得最佳女配角獎。然而，她領獎時，一再稱讚與她角逐最佳女配角獎的瓦倫蒂娜·歌蒂斯，認為真正獲獎的應該是這位落選者，並由衷地說：「原諒我，瓦倫蒂娜，我事先並沒有打算獲獎。」

　　褒曼做為領獎者，沒有因自己成就與輝煌而去炫耀，相反地，她在自己滿足的時候，反而貶損自己，對自己的對手推崇備至。此時她自己多餘的就是頭上的光環，她把頭上的光環補給落選的歌蒂斯，維護了對方的面子。這樣的人誰會不喜歡，誰又會去與她爭搶什麼呢？

斷章取義：

　　一個人貶損自己而不去炫耀，他就不會自滿，不會因驕傲自大而失敗，一個人減損多餘，如頭上的光環，諸多的錢財權力等等，給予那些需要的人，那他就會獲得好的人緣和更多的人情，不會與人產生矛盾、發生爭鬥。誰如果同時具備了以上兩者，那他就會過得幸福而美滿。

第 78 章 剛而不柔是大惡

■ 原文

天下柔弱，莫過於水。

而攻堅強者，莫之能勝。

其無以易之。

弱之勝強，柔之勝剛。

天下莫不知，莫能行。

是以聖人云：受國之垢，是謂社稷主；受國之不祥，是謂天下王。

正言若反。

■ 譯文

天下沒有比水更柔弱的事物了。

但攻克堅強的東西，沒有能勝過水的。

在這方面，水是無法替代的。

弱者能戰勝強者，柔者能戰勝剛者。

這個道理，天下沒有人不知道，但卻沒有人能實行。

所以聖人說：要能忍受國家的恥辱，才可以做國家的君王；要能承擔國家的禍難，才可以當天下的君主。

正面的話好像反話一樣。

■ 必修學分：剛而不柔是大惡

上一章談有餘與不足，這一章呼應第七十六章，談柔弱與剛強。

有餘便是剛強，不足就是柔弱。自然大道損有餘而補不足，也可以說自然大道損剛強，而補柔弱。在老子的五千言中，老子一直提倡柔弱，在第四十三章就曾說：「天上之至柔，馳騁天下之至堅」。

柔能勝剛，剛處下而柔處上，這個道理人人都懂，可人們就是無法照辦，這是由於在我們人類心中，都爭做剛強，視為頂天立地，把柔看成是膽小懦弱。其實這種思想是錯誤的，明代才子馮夢龍在《廣笑府·尚氣》篇中，就曾記載了這樣一個故事：

從前，有父子二人，性格都非常剛直，生活中從來不對人低頭，也不讓人，且不後退半步。一日，家中來了客人，父親命兒子去市場買肉。兒子拿著錢在屠夫那裡買了幾斤上好的肉，用繩子串著轉身回家，來到城門時，迎面碰上一個人，雙方都寸步不退後，也堅決不避開，於是，面對面地挺立在那兒，相持了很久很久。

日已正中，家中還在等肉下鍋待客飲酒，做父親的不由得十分焦急起來，便出門去找買肉未歸的兒子。剛到城門處，看見兒子還僵立在那兒，一點也沒有讓人的意思。父親心下大喜：這真是我的好兒子，性格剛直如此；又大怒，彼何人也，竟敢如此放肆。他快步上前，大聲說道：「好兒子，你先將肉送回去，陪客人吃飯，讓為父的站在這兒與他對抗！」

話音剛落，父親與兒子交換了一個位置，兒子回家去烹肉煮酒待客，父親則站在那個人的對面，如怒目金剛般挺立不動，惹得眾多的圍觀者大笑不止。

其實老子也並非是完全排斥剛強，完全排斥似乎也不通情理，老子只是叫我們做人不能太剛直了，人太剛直會走向反面，這種人往往固執已見，不知退讓，不會變通，沒有半點柔弱的氣象。

斷章取義：

人生在世，無一點剛直之氣是不行的，尤其是應該心有所主，擁有一些確定的做人準則。這樣，人們可勇氣倍增，可與壞人抗爭，與社會黑暗的東西抗衡，突顯出自我的個性和風貌。但是，剛直並不是賭氣，不是去追求無

益的個人「勝利」，猶如馮夢龍筆下所敘述的這對剛直的父子，僅僅為了避讓的小事，就與人爭輸贏，不管其他的事，這就由剛直走向了蠻幹，久了會引起別人的厭惡，最終會在人生旅途中碰得頭破血流，成為大惡之人。所以說，剛而不柔是大惡。

第 79 章 用積極的心態去看世界

■ 原文

和大怨，必由餘怨；報怨以德，安可以為善。

是以聖人執左契，而不責於人。

有德司契，無德司徹。

天道無親，常與善人。

■ 譯文

總和所有的大怨，必然產生餘怨；這樣就不會報怨以德，就無心做善事了。

所以聖人保存借據的存根，而不去向別人索取償還。

有德的人，就像持有借據的聖人那樣，持有而不索取償還，沒有德的人，才會去憑借據的存根苛求追究。

上天大道是沒有親疏的，它只和善人同行。

■ 必修學分：用積極的心態去看世界

講了剛強與柔弱之後，這一章則談怨與善。

一個人如果把自己所受的怨氣全部翻出來，結果就會越想越氣，越氣越想，最後搞得自己怨氣沖天、愁雲翻滾。這樣也就無心去做善事了，因為他心裡在想：「人善被人欺，馬善被人騎。好人總是吃虧，今後我再也不那麼傻了。」結果是不再去做善事，本來他是固守柔弱的，結果心裡滿是怨恨，就變成了剛強，也就可能招致大災了。

所以聖人明白了這一道理，就儘量化解自己與他人的怨恨，儘量不去責備他人，別人跟他借錢，他也不去要求別人償還，一切順其自然。所以老子說：

「有德契，無德司徹。」有德的人，真心幫助別人，所以像聖人一樣對待欠債的人，而無德的人就要徹底索還，結果與人結怨。

縱觀有德與無德、怨與善，就在於一個人怎麼想、怎麼去做。

曾經有這樣一個故事：

一對孿生小女孩走進玫瑰園，沒多久，其中一個小女孩跑回來對母親說：「媽媽，這裡是個壞地方！」「為什麼呢，我的孩子？」「因為這裡的每朵花底下都有刺。」過了一會兒，另一個小女孩跑來對母親說：「媽媽，這裡是個好地方！」「為什麼呢，我的孩子？」「因為這裡的每叢刺上都有花！」母親聽了，沉思起來……

其實，世間萬物既有好的一面，也有壞的一面，關鍵在於你從哪個角度去看，「怨」與「善」，「有德」與「無德」，僅在那一念之差。

斷章取義：

聖人總是能夠看到事物好壞兩個方面，並用世界美好和光明的一面來使自己保持愉快、向上的心態，用世界醜惡和黑暗的一面來警醒自己。我們應學習聖人：多看社會的光明面，多想別人對自己好的一面。對於別人的過錯，對自己的傷害，要善於忘記，對於滴水之恩，要以湧泉相報。

第 80 章 懷著感恩的心情去享受生活

■ 原文

小國寡民，使有什伯之器而不用。

使民重死，而不遠徙。

雖有舟輿，無所乘之。

雖有甲兵，無所陳之。

使民復結繩而用之。

甘其食，美其服，安其居，樂其俗。

鄰國相望，雞犬之聲相聞，民至老死，不相往來。

■ 譯文

建立國家的面積要小，人口要少，使人民過著簡單的生活，即使有各種器具卻並不使用；使人民安定，而不向遠處遷徙；雖然有舟車，卻沒有人使用（用不著）；雖然有軍隊，卻不會有戰爭（用不上）；使人民回復到結繩記事的時代：人人都覺得有甜美的飲食，有美麗的衣服，生活安寧，風俗融洽。

鄰國之間雖然很近，連雞鳴狗叫的聲音都可以聽得到，但各國人民從生到死也沒有互相往來的。

■ 必修學分：懷著感恩的心情去享受生活

本章講的是奉行了道德之後的社會狀態，是理想的人間社會模式。

有人認為老子的「小國寡民」思想反文明，這是每個人的理解不同，但從人生意義上來說，這種生活方式，也真正體現了人類生命的價值。這種社會的狀態，與千百年來、古今中外哲人們所追求的桃花源、大同世界、烏托邦、理想國等一樣，可以說是一種嚮往、一種高的境界。

避開以上不談，我們單從立身處世來看，它同樣很有意義。不知你是否還記得那震驚世界的「多佛慘案」。

二〇〇〇年六月十八日，一輛荷蘭貨車載著六十名中國偷渡者，準備穿過英吉利海峽，偷渡到英國。為了避免被發現，他們都藏在貨車被密封的後車廂裡。全程需要五個小時。當車被英國海關截獲時，後車廂五十八名偷渡者已經窒息死亡，只有兩名男子倖免於難。

追求幸福、快樂的人們，為了尋找到幸福快樂，不惜飄洋過海、不擇手段，以致喪失生命。這是為什麼？只能是我們人類的不知足，不明白幸福快樂就在我們身邊。記得一本《感悟生活》的書中有這樣一個小故事，看了之後或許你會有更深刻的理解。

從前有個男孩子，住在山腳下的一棟大房子裡。他喜歡動物、跑車與音樂，他爬樹、游泳、踢球、喜歡漂亮女孩子。他過著幸福的生活，只是經常要讓人搭車。一天，男孩子對上帝說：「我想了很久，我知道自己長大後需要什麼。」

「你需要什麼？」上帝問。

「我要住在一棟前面有門廊的大房子裡，門前有兩尊聖伯納德的雕像，並有一個帶後門的花園。我要娶一個高眺而美麗的女子為妻，她的性情溫和，留著一頭黑黑的長髮，有一雙藍色的眼睛，會彈吉他，有著清亮的嗓音。」

「我要有三個強壯的男孩，我們可以一起踢球。他們長大後，一個當科學家，一個做參議員，而最小的一個將是橄欖球隊的四分衛。」

「我要成為航海、登山的冒險家，並在途中救助他人。我要有一輛紅色的法拉利汽車，而且永遠不需要載送別人。」

「聽起來真是個美妙的夢想，」上帝說，「希望你的夢想能夠實現。」

後來，有一天踢球時，男孩摔壞了膝蓋。從此，他再也不能登山、爬樹，更不用說去航海了。因此他學了商業經營管理，而後經營醫療設備。

他娶了一位溫柔美麗的女孩，有著黑黑的長髮，但她卻不高，眼睛也不是藍色的，而是褐色的。她不會彈吉他，甚至不會唱歌，卻做得一手好菜，畫得一手好畫。

因為要照顧生意，他住在市中心的高樓大廈裡，從那兒可以看到藍藍的大海和閃爍的燈光。他的屋門前沒有聖伯納德的雕像，但他卻養著一隻長毛貓。

他有三個美麗的女兒，坐在輪椅上的小女兒是最可愛的一個；三個女兒都非常愛她們的父親，她們雖不能陪父親踢球，但有時她們會一起去公園玩飛盤，而小女兒就坐在旁邊的樹下彈吉他，唱著動聽而久繞於耳的歌曲。

他過著富足、舒適的生活，但他卻沒有紅色法拉利。有時他還要取送貨物——甚至有些貨物並不是他的。

一天早上醒來，他記起了多年前自己的夢想，「我很難過，」他對周圍的人不停地訴說，抱怨他的夢想沒能實現。他越說越難過，簡直認為現在的這一切都是上帝對他開的玩笑。妻子、朋友們的勸說，他一句也聽不進去。

最後他終於得病住進了醫院。一天夜裡，所有人都回了家，病房中只留下護士。他對上帝說：「還記得我是個小男孩時，對你講述過我的夢想嗎？」

「那是個可愛的夢想。」上帝說。

「你為什麼不讓我實現我的夢想？」他問。

「你已經實現了。」上帝說，「只是我想讓你驚喜一下，給了一些你沒有想到的東西。」

「我想你該注意到我給你的東西：一位溫柔美麗的妻子，一份好工作，一處舒適的住所，三個可愛的女兒——這是個最佳的組合。」

「是的，」他打斷了上帝的話，「但我以為你會把我真正希望得到的東西給我。」

「我也以為你會把我真正希望得到的東西給我。」上帝說。

「你希望得到什麼？」他問。他從沒想到上帝也會希望得到東西。

「我希望你能因為我給你的東西而快樂。」上帝說。

他在黑暗中靜想了一夜。他決定要有一個新的夢想，他要讓自己夢想的東西，恰恰就是他已擁有的東西。後來他康復出院，幸福地住在四十七樓的公寓中，欣賞著孩子們的悅耳的聲音、妻子深褐色的眼睛以及精美花鳥畫。晚上他注視著大海，心滿意足地看著外面閃爍的萬家燈火。

男孩的故事告訴我們：因為我們擁有現在，所以我們應該享受快樂。快樂並不需要飄洋過海的尋找，因為快樂就在我們的身邊。對於此，一位哲人說得好：「只要你願意享受快樂，快樂就會黏上你。」

斷章取義：

想擁有幸福快樂，無可厚非。樂觀的人會把一切看作上帝的另一種恩賜，懷著感恩的心情去享受現實，而悲觀者則會把手中的幸福快樂隨意拋棄，而後，四處尋找幸福和快樂。這兩種人的人生是極其不同的。

第 81 章 處處以人為先，以己為後

■ 原文

信言不美，美言不信。

善者不辯，辯者不善。

知者不博，博者不知。

聖人不積，既以為人，己愈有，既以與人，己愈多。

天之道，利而不害；聖人之道，為而不爭。

■ 譯文

真實的話樸實無華，花言巧語不會真實。

善良的人忠厚老實不巧辯，巧辯的人不善良。

真知的人不求廣博，廣博的人不會真知。

聖人不會為了自己而積蓄，所有的積蓄盡全力幫助別人，自己反而更加富有；所有的積蓄儘量給予別人，自己反而更豐富。

自然之道，利人而不害人；聖人之道，普施於人而不與人爭奪。

■ 必修學分：處處以人為先，以己為後

老子講完了八十章之後，重新強調了聖人的標準和特點，以此讓天下人都能夠明白一切，能夠幸福而自在地生活。

聖人明白自然之道滿招損而謙受益，所以絕不自滿自驕，而是自謙益人。他們不會為自己而積蓄，所有的積蓄都會盡力幫助別人，正是由於他們自謙益人，所以他們就會受益，反而會得到更多。

最後老子總結：「天之道，利而不害；聖人之道，為而不爭。」天道利益萬物，卻不傷害；聖人之道也是如此，幫助別人卻不與人爭奪。也就是說，

聖人為人處世，把別人利益放在了第一位。我們應效法聖人，做到不與人爭，處處以人為先，以己為後，正如那名揚天下的「飛將軍」李廣一樣。

漢朝討伐匈奴的名將李廣，是一位匈奴人聞之喪膽的虎將，有「飛將軍」的美名。然而，李廣卻是一個處處以人為先的人。遇到皇帝恩賜犒賞時，他總是毫不吝惜地與士兵們分享。吃飯的時候，等全體士兵到齊都吃上飯，他才開始用餐。行軍途中，到泉水井垣處，待全體部下解渴後，他才飲用。總之，一切以部下為先。因此，他的部下都能效忠他。

李廣處處以人為先，以己為後，結果他不但沒有失去什麼，反而得到了下屬的誓死效忠。司馬遷評價李廣：「桃李不言，下自成蹊。」即桃李樹雖默默不語，但它開出芬芳的花朵，結成甜美的果實。所以，人們自然而然地就會聚集在它周圍，開出一條道路。正如老子所說，遵循大道行事的聖人，他「為而不爭」，但他優美的言辭得到別人的尊敬，美好的行為得到別人的景仰。效法聖人的你，處處以人為先，以己為後，那麼你就會像聖人一樣被人尊敬，你會因此獲得更多人緣、得到更多利益。

斷章取義：

處處以人為先，以己為後。對此，愛因斯坦說：「人是為別人而生存的。」愛因斯坦的話，是最樸素、最高尚的人生觀：人是為別人而生存的，這是一種責任感，人若是缺少了這種責任感，也就失掉了人性和良心。

國家圖書館出版品預行編目（CIP）資料

當道德經成為必修課：八十一個老子人生智慧必修學分！
/ 歐陽翰，劉燁 著 . -- 第一版 . -- 臺北市：崧燁文化，2020.03
　　面；　公分
POD 版

ISBN 978-986-516-231-3(平裝)

1. 道德經 2. 研究考訂

121.317　　　　　　　　　　　　　　　　　109003170

書　　名：當道德經成為必修課：八十一個老子人生智慧必修學分！

作　　者：歐陽翰，劉燁 著

發 行 人：黃振庭

出 版 者：崧燁文化事業有限公司

發 行 者：崧燁文化事業有限公司

E-mail：sonbookservice@gmail.com

粉 絲 頁：　　　　　　　網 址：

地　　址：台北市中正區重慶南路一段六十一號八樓 815 室

8F.-815, No.61, Sec. 1, Chongqing S. Rd., Zhongzheng

Dist., Taipei City 100, Taiwan (R.O.C.)

電　　話：(02)2370-3310 傳　真：(02) 2388-1990

總 經 銷：紅螞蟻圖書有限公司

地　　址：台北市內湖區舊宗路二段 121 巷 19 號

電　　話:02-2795-3656 傳真 :02-2795-4100　　　網址：

印　　刷：京峯彩色印刷有限公司（京峰數位）

　　本書版權為千華駐讀書堂出版社所有授權崧博出版事業有限公司獨家發行電子
書及繁體書繁體字版。若有其他相關權利及授權需求請與本公司聯繫。

定　　價：280 元

發行日期：2020 年 03 月第一版

◎ 本書以 POD 印製發行